O SÉCULO DE ANTÍGONA

Outros Livros Jurídicos do Autor

Filosofia do Direito
- *Pensar o Direito I. Do Realismo Clássico à Análise Mítica*, Coimbra, Almedina, 1990; *II. Da Modernidade à Postmodernidade*, Coimbra, Almedina, 1991
- *Amor Iuris. Filosofia Contemporânea do Direito e da Política*, Lisboa, Cosmos, 1995
- *Lições Preliminares de Filosofia do Direito*, Coimbra, Almedina, 1998, 2.ª ed. revista e actualizada, Coimbra, Almedina, 2002
- *Lições de Filosofia Jurídica. Natureza & Arte do Direito*, Coimbra, Almedina, 1999
- *Le Droit et les Sens*, Paris, L'Archer, dif. P.U.F., 2000
- *Temas e Perfis da Filosofia do Direito Luso-Brasileira*, Lisboa, Imprensa Nacional-Casa da Moeda, 2000
- *O Ponto de Arquimedes. Natureza Humana, Direito Natural, Direitos Humanos*, Coimbra, Almedina, 2001
- *Mythe et Constitutionnalisme au Portugal (1778-1826). Originalité ou influence française?* (Tese de Doutoramento na Secção de História do Direito, Centro de Filosofia do Direito, na Universidade de Paris II, antiga Faculdade de Direito de Paris), Lisboa, Centro de História da Cultura – Universidade Nova de Lisboa, em publicação

Ciências Políticas e Direito Público
- *O Procedimento Administrativo*, Coimbra, Almedina, 1987
- *Quadros Institucionais – do social ao jurídico*, Porto, Rés, 1987 (esgotado); refundido e aumentado in *Sociedade e Direito*, Porto, 1990
- *Constituição, Direito e Utopia. Do Jurídico-Constitucional nas Utopias Políticas*, Coimbra, 'Studia Iuridica', Boletim da Faculdade de Direito, Universidade de Coimbra/Coimbra Editora, 1996 (tese de doutoramento em Direito. Ciências Jurídico-Políticas, na Faculdade de Direito da Universidade de Coimbra)
- *Res Publica. Ensaios Constitucionais*, Coimbra, Almedina, 1998
- *Mysteria Ivris. Raízes Mitosóficas do Pensamento Jurídico-Político Português*, Porto, Legis, 1999
- *A Constituição do Crime. Da Substancial Constitucionalidade do Direito Penal*, Coimbra, Coimbra Editora, 1998
- *Responsabilité et culpabilité*, Paris, P.U.F., 2001
- *Teoria da Constituição*, vol. II. *Direitos Humanos, Direitos Fundamentais*, Lisboa / São Paulo, Verbo, 2000; vol. I. *Mitos, Memórias, Conceitos*, Lisboa /São Paulo, Verbo, 2002

História Constitucional e das Instituições
- *Mito e Constitucionalismo. Perspectiva conceitual e histórica*, Coimbra, Faculdade de Direito, 1990 – tese de Mestrado em Direito – Ciências Jurídico-Políticas, na Faculdade de Direito da Universidade de Coimbra (esgotado)
- *História da Faculdade de Direito de Coimbra*, Porto, Rés, 1991, 5 vols., Edição Comemorativa do VII Centenário da Universidade, patrocinada pela Faculdade de Direito de Coimbra, prefaciada pelo Prof. Doutor Orlando de Carvalho (com a colaboração de Reinaldo de Carvalho)
- *Para uma História Constitucional do Direito Português*, Coimbra, Almedina, 1995

Metodologia Jurídica e Introdução ao Direito
- *Introdução à Teoria do Direito*, Porto, Rés, 1988 (esgotado)
- *Noções Gerais de Direito*, Porto, Rés, 1.ª ed., 1988, várias eds. ulteriores (em colaboração com José Falcão, Fernando Casal, e Sarmento Oliveira). Há edição bilingue português-chinês, aumentada
- *Problemas Fundamentais de Direito*, Porto, Rés, 1988 (esgotado)
- *Direito*, Porto, Asa, 1990; 2.ª ed. 1991; 3.ª ed., 1994 (esgotado)
- *Direito. Guia Universitário*, Porto, Rés, 1990 (colaboração com Javier Hervada)
- *Princípios de Direito*, Porto, Rés, 1993
- *"Peço Justiça!"*, Porto, Asa, 1995 (esgotado)
- *Tópicos Jurídicos*, Porto, Asa, 1.ª e 2.ª eds., 1995
- *Instituições de Direito. I. Filosofia e Metodologia do Direito*, Coimbra, Almedina, 1998 (org.); II. *Enciclopédia Jurídica*, Coimbra, Almedina, 2000 (org.)
- *Propedêutica Jurídica. Uma Perspectiva Jusnaturalista*, Campinas, São Paulo, Millennium, 2001 (em colaboração com Ricardo Dip)

Ensaios Jurídicos Interdisciplinares
- *Arqueologias Jurídicas. Ensaios Jurídico-Políticos e Jurídico-Humanísticos*, Porto, Lello, 1996
- *Peccata Iuris. Do Direito nos Livros ao Direito em Acção*, Lisboa, Edições Universitárias Lusófonas, 1996
- *Faces da Justiça*, Coimbra, Almedina, 2002

PAULO FERREIRA DA CUNHA

O SÉCULO DE ANTÍGONA

ALMEDINA

TÍTULO:	O SÉCULO DE ANTÍGONA
AUTOR:	PAULO FERREIRA DA CUNHA
EDITOR:	LIVRARIA ALMEDINA – COIMBRA www.almedina.net
LIVRARIAS:	LIVRARIA ALMEDINA ARCO DE ALMEDINA, 15 TELEF. 239 851900 FAX 239 851901 3004-509 COIMBRA – PORTUGAL livraria@almedina.net
	LIVRARIA ALMEDINA ARRÁBIDA SHOPPING, LOJA 158 PRACETA HENRIQUE MOREIRA AFURADA 4400-475 V. N. GAIA – PORTUGAL arrabida@almedina.net
	LIVRARIA ALMEDINA – PORTO R. DE CEUTA, 79 TELEF. 22 2059773 FAX 22 2039497 4050-191 PORTO – PORTUGAL porto@almedina.net
	EDIÇÕES GLOBO, LDA. R. S. FILIPE NERY, 37-A (AO RATO) TELEF. 21 3857619 FAX 21 3844661 1250-225 LISBOA – PORTUGAL globo@almedina.net
	LIVRARIA ALMEDINA ATRIUM SALDANHA LOJAS 71 A 74 PRAÇA DUQUE DE SALDANHA, 1 TELEF. 213712690 1050-094 LISBOA atrium@almedina.net
	LIVRARIA ALMEDINA – BRAGA CAMPUS DE GUALTAR, UNIVERSIDADE DO MINHO, 4700-320 BRAGA TELEF. 253678822 braga@almedina.net
EXECUÇÃO GRÁFICA:	G.C. – GRÁFICA DE COIMBRA, LDA. PALHEIRA – ASSAFARGE 3001-453 COIMBRA E-mail: producao@graficadecoimbra.pt
	FEVEREIRO, 2003
DEPÓSITO LEGAL:	191620/03

Toda a reprodução desta obra, por fotocópia ou outro qualquer processo, sem prévia autorização escrita do Editor, é ilícita e passível de procedimento judicial contra o infractor.

Ao Senhor Prof. Doutor Jean Lauand

*Estudo realizado no âmbito do Instituto Jurídico Interdisciplinar
da Faculdade de Direito da Universidade do Porto,
Linha de Investigação em "Direito, Sociedade e Política".*

INTRODUÇÃO

"*Antígona, em nome da* dikè thanontôn, *direito dos mortos, confere um enterro simbólico a seu irmão Polinices, considerado traidor por Creonte, rei de Tebas. Antígona não faz mais que obedecer ao* nomos *da cidade. Com efeito, ela leva a cabo um gesto ritual, espalhando terra sobre um cadáver insepulto. (…) A desobediência da heroína indica mais uma superação que uma oposição. (…) Ela assume a sua própria punição para defender o direito do morto.*"

STAMATIOS TZITIZ, *La Philosophie Pénale*, Paris, PUF, 1996, p. 69 e 71 (traduzimos)

INTRODUÇÃO

Num dos seus excelentes livros, Javier Hervada utiliza um processo retórico muito interessante, mas inusitado em Direito: anuncia um nome, sublinha a sua importância, mas deixa para depois, para outros estudos, a sua explicitação ou desenvolvimento. O nome em causa é o de Antígona.

Um livro eloquente e polémico de Gustavo Corção chamou logo no seu título ao séc. XX *O Século do Nada*.

Confessamos que foi nossa tentação, acalentada durante largo tempo, não abusar da paciência do leitor, e, fiado na intertextualidade e no precedente, não escrever esta introdução.

Acabamos porém por perpetrar meia dúzia de linhas, para evitar mal-entendidos.

Numa tradição secular, tem-se afirmado que Antígona, defendendo leis superiores – não escritas (*agrapta*) e infalíveis (*asphalè*) – estaria a defender o direito natural. Stamatios Tzitzis, na sua original e erudita *Filosofia Penal*, faz-nos pensar que Antígona poderia ter invocado uma lei atribuída a Sólon, e Creonte poderia ter-se baseado em legislação repressiva arcaica. Mesmo que esta última fosse apenas consuetudinária, não deixaria de ser direito positivo.

Aparentemente, fica prejudicado o grande símbolo do Direito Natural. Mas nem por isso a defesa de Antígona deixa de ser antes de mais a defesa da Justiça. Por muitas leis ou costumes que apoiassem um e outro, não se trata da discussão entre dois juristas sobre a hierarquia das normas. Da querela entre uma jovem certamente não versada no Direito, ainda que cheia de sentido de Justiça, com um ditador – mesmo intelectual (como o efabula Jean Anouilh) –, não nasce senão um poderosíssimo exemplo da luta de um David aparentemente perdedor contra um Golias aparentemente ganhador: mas tendo razão o que perde[1].

Também depois desse *século do nada*, que viu a ascensão das maiores utopias e a sua estrepitosa queda, deixando no tempo um hálito cinzento de vazio, talvez já não importe tanto o nome de direito natural. Todavia, Antígona continua a importar muito. Para os juristas, ela é símbolo, exemplo, modelo.

Por isso, depois dos *nihilismos* do séc. XX, o que desejamos no séc. XXI são juristas que, sem leis como se pensava antes, ou com leis como parece ver-se agora, defendam, como Antígona, acima de tudo o Homem e a sua Dignidade e a Justiça.

Os ensaios aqui recolhidos comungam, em pano de fundo, dessa preocupação.

O primeiro, que dá titulo ao livro, é sobretudo uma reflexão sobre o futuro tardo-moderno que nos ameaça e os desafios ao Direito no futuro já presente.

O segundo procura ganhar distância frente a essas novidades, recordando o legado essencial do realismo clássico a propósito da Justiça, e dos diferentes tipos de Justiça: separação de águas da maior importância para a arrumação mental e para a *praxis*.

No terceiro ensaio, além de se recordarem alguns pontos essenciais sobre o que o Direito é e não é, questiona-se o problema científico e o problema pedagógico do Direito Natural.

---

[1] Sobre Antígona, a bibliografia é incontável. Citemos um clássico já: GEORGE STEINER, *Antígonas,* trad. port., Lx., Relógio D'Água, 1995. Alguns *links* apenas:

http://classics.mit.edu/Sophocles/antigone.html (texto de Sófocles, em inglês).

http://www.opinatio.com/antigona.htm (Antígona e Sócrates – por Lourdes Rensoli Laliga, em castelhano).

http://www.mercaba.org/FICHAS/Teologia_latina/antigona_o_el_poder_d e_lo_real.htm (Antígona ou o Poder do Real – Enzo Solari Alliende, em castelhano).

http://www.geocities.com/CollegePark/5489/antig.htm (Antígona de Jean Anouilh, em francês).

Os estudos seguintes procuram entrar mais em diálogo com o direito positivo concreto.

No quarto, analisam-se várias categorias jurídicas (princípios, valores, etc.) e a presença do próprio Direito Natural nas Constituições e nos Códigos Civis portugueses e espanhois.

Já no quinto se procura teorizar a presença da Justiça na Constituição da República Portuguesa de 1976.

Ambas as tentativas se nos afiguram fundamentais para o necessário trânsito doutrinal da Filosofia do Direito para a Teoria da Constituição e o Direito Constitucional.

De seguida (Parte VI), interrogamo-nos sobre a questão da possibilidade e conveniência de uma Constituição Europeia, para finalmente (Parte VII) procurarmos concatenar as ideias de Direito e Política, com vista a sublinhar a importância quer de um Direito que haja reencontrado a sua autonomia, quer de uma prática política democrática, em que a cidadania seja uma realidade sentida.

Constituição portuguesa, integração europeia e cidadania responsável e actuante são pólos juspolíticos essência à vivência concreta da Justiça. São, no fundo, malhas da teia de Antígona. E não as de Creonte, essas que o *imperium* ou os impérios tecem.

PLANO GERAL

PartePrimeira – O Século de Antígona

Parte   II – As Duas Justiças

Parte   III – Problemas do Direito Natural

Parte   IV – Do Direito Natural Positivo

Parte   V – Da Justiça na Constituição

Parte   VI – União Europeia, Estado e Constituição

Parte   VII – Direito, Constituição e Cidadania

ORIGEM DOS TEXTOS

Anteriores versões dos textos aqui publicados destinaram-se a conferências, colóquios, ou volumes de homenagem. Mantivemos a traça original, designadamente eventuais marcas de oralidade, no caso das conferências. A todos os respectivos promotores e editores, o nosso agradecimento.

Parte Primeira – *Claves del Pensamiento Juridico para el Siglo XXI*, conferência proferida em castelhano, na Universidade de Málaga, presidida pelo Prof. Dr. D. José Calvo González, 6 de Março 2002.

Parte II – *O Comentário de Tomás ao Livro V da Ética a Nicómaco de Aristóteles*, conferência na Universidade de São Paulo, org. do Prof. Dr. Jean Lauand, editada em "Videtur", n.º 14, São Paulo/Porto, 2002, pp. 45-58, edição electrónica http://www.hottopos.com/videtur14/paulo2.htm.

Parte III – *Problemas do Direito Natural,* conferência na Universidade de São Paulo, org. do Prof. Dr. Jean Lauand, editada em "Videtur", n.º 14, São Paulo/Porto, 2002, pp. 25-34, edição electrónica: http://www.hottopos.com/videtur14/paulo.htm.

Parte IV – Estudos em Homenagem da Prof. Doutora Isabel de Magalhães Collaço, Coimbra, Almedina, 2002, vol. II.

Parte V – *Da Justiça na Constituição da República Portuguesa*, in volume comemorativo *Nos 25 Anos da Constituição da República Portuguesa de 1976*, Lx., Associação Académica da Faculdade de Direito de Lisboa, 2001

Parte VI – Desenvolvimento da participação oral na Mesa redonda sobre *Constituição Europeia*, na comemoração dos 15 anos da Universidade Portucalense, moderada pelo Prof. Doutor Rui Conceição Nunes, após conferência do Prof. Dr. Aman Agarwal, Porto, 8 de Novembro de 2001

Parte VII – *Direito, Constituição e Cidadania*, conferência integrada no Colóquio "Educação para a Cidadania" promovido pelo Prof. Doutor Agostinho Reis Monteiro, Departamento de Educação da Faculdade de Ciências da Universidade de Lisboa, 9 de Maio 2001

Parte Primeira

O SÉCULO DE ANTÍGONA

CAPÍTULO I
Futuro Presente do Direito

1. Do Futuro e da Futurologia

Falar do que virá a ser a Justiça neste nosso século XXI que está a viver os seus primeiros anos é, em grande medida, falar de futuro. E prever o futuro é coisa de bruxaria.

Os livros e os filmes de Harry Potter ou a saga de Tolkien *O Senhor dos Anéis* estão hoje a reabilitar a bruxaria e o mágico para a cultura de massas, assediada pelo racionalismo e cepticismo quotidianos. Mas também o mais céptico e relapso racionalista sabe bem, quanto a bruxas, que *pero que las hay, hay*.

Para um jurista, porém, internar-se por esses meandros é muito complicado. Nem a tradição da "astrologia judiciária" lhe vale. Só os comentadores de televisão são competentes a prever… depois dos factos terem ocorrido. Os juristas dão-se mal com as artes divinatórias. Já têm tanta dificuldade em reconstituir os factos passados…

Cremos que não será por uma inelutável tendência conservadora que tantas vezes, quando chamados a antever o futuro das nossas sociedades, acabamos por concluir que o nosso sempre mau presente acaba por ser, face ao que se adivinha, o melhor dos mundos.

Os mitos da decadência podem pesar arquetipicamente na nossa memória colectiva. O certo é que, das clássicas narrativas hesiódicas à banda desenhada – e recordo muito vividamente o início da *Armadilha Diabólica* com o célebre Prof. Mortimer, de Edgar P. Jacobs – não olhamos o futuro com olhos muito optimistas.

Não podemos deixar de alinhar um pouco nesse rol pelo menos céptico quanto às maravilhas do futuro. Mas, como não acreditamos na predestinação, nem comungamos de qualquer credo político escatológico, pensamos que o futuro ainda está nas nossas mãos, e que não há um futuro, mas vários futuros possíveis, que dependem do que fizermos do presente.

Também se não pode dizer que o futuro será muito mau ou muito bom. Há uma grande subjectividade na avaliação do que ocorreu no passado e do que se está a passar no presente. Por que não se comportaria assim o futuro? Para uns, um certo futuro será bom, para outros não. É estranho que não se compreenda isto.

A avaliação positiva ou negativa dos factos é sobretudo subjectiva. Há todavia uma predisposição para aceitar o novo, para aceitar a mudança como positiva, pelo menos tanto quanto também se pode descobrir uma inércia na rotina, que é também resistência à alteração das coisas.

Uma docilidade suplementar cremos existir, contudo, nas pessoas de hoje. Os estudantes revoltam-se menos, as greves parecem ser mais calculistas (e calculadas), a crítica é muito alinhada por famílias e capelas de pensamento, e o que publicamente se diz está muito sintonizado com o que cada corrente acha que deve dizer-se. Há poucos originais, e quase já não há iconoclastas. Também ícones verdadeiros não os há: cederam o passo a estrelas, escândalos, e cometas políticos fugazes. Sofremos todos a pressão do politicamente correcto no pensar, e a premência da competitividade feroz e selvagem no fazer.

Esta situação domestica-nos quando todos os dias mudam os sinais de trânsito, os impressos dos impostos, as leis do processo... A introdução do euro, por exemplo, foi naturalmente favorecida por esta permeabilidade à mudança: pelo mito do progresso e por esse como que generalizado cansaço social. Um cansaço de reivindicar, e um cansaço de esperar, fruto de demasiadas e bem presentes desilusões.

A verdade é que os estudos sobre a decadência o sublinham: os tempos crepusculares são tempos de confusão de valores e de perecimento da responsabilidade cívica. Quando analisamos as estatísticas dos resultados eleitorais, a abstenção crescente, salvo em casos de pontual alarme, recorda-nos essa realidade. E votar custa muito menos do que agir civicamente e no quotidiano. O *carpe diem* generalizado não é só irresponsabilidade hedonista; é consequência de uma intuição profunda: vive o momento, porque não há solução para o mal. E mais: vive-o, porque, de todo o modo, será breve.

2. Da febre de imortalização em Direito

Com o Direito passa-se a mesma coisa. Há antes de mais um frenesim, um afã, de ficar na História. Quiçá o pior nos nossos dias que pode acontecer a qualquer dos agentes normativos seja precisamente essa febre de deixar obra para o futuro. Obviamente, em 99,9% dos casos será efémera obra – sem futuro.

Ministros querem ser legisladores, e legisladores de solenes códigos. Deputados nacionais sonham em fazer leis fundamentais, constituições, ou alterar as existentes de forma profunda e duradoura. Deputados europeus e delegados internacionais dos Estados aspiram a pôr o seu nome num tratado definitivo da União Europeia Federal, ou no Estado Europeu único, e na respectiva Constituição Europeia, quando não na da Federação Mundial, ou Intergaláctica... quando o hino da Terra passar a ser o do genérico da Guerra das Estrelas. O do filme, claro...

Mas não nos ficamos por aqui. Tantos e tantos professores aspiram a escrever o Manual único. Houve mesmo quem propusesse livros únicos nas escolas portuguesas, e já depois do 25 de Abril... Quantos gostariam que a medida fosse mesmo avante. Graças ao politicamente correcto, tem faltado coragem para este tipo de coisas. Por uma vez essa ideologia está a ter utilidade: como factor de inibição.

Tantos e tantos docentes (e não só de Direito...) aspiram a promover uma doutrina oficial. A fazer de suas cogitações leis. A ser consultados como arúspices da ordem jurídica... a ganhar em consultas e pareceres as fortunas de suas vidas. Há os que contam meticulosamente as citações das suas obras nas publicações dos colegas e discípulos, com tanto rigor como o diabo conta as suas almas...

Tantos e tantos juizes e outros magistrados judiciais que desejam a autoria da sentença ou a acusação histórica. O processo "Mãos Limpas" deve ter sido o do século XX.

A fama, cega, ao som de ouropéis, guia pela mão os juristas. Não a Deusa da Justiça que – pudemos confirmá-lo depois de anos de incerteza – só ostenta uma venda por pura brincadeira.

O Direito perdeu, em muitos aspectos, durante o séc. XX, o que tinha de mais sagrado: a virtude da prudência, cuja aplicação geral é o bom senso.

Um Direito imprudente é um anti-Direito. Por isso, no séc. XXI há e haverá pensamento jurídico louco, celerado. E também há e haverá pensamento jurídico equilibrado, moderado, sereno.

A opção é nossa. Pelos que almejam a um lugar na História, aparecem muito na televisão, e jogam os jogos do poder... Ou então pelos que, como diria Frei Luís de León, "fogem do ruído mundano"... numa "descansada" mas laboriosa vida de estudo.

Evidentemente, é natural que se aproximem de temerários visionários muitos bem intencionados que sonham com utopias, as quais, uma vez postas em prática, seriam infernos absolutos.

3. As Ilusões do Progresso

A situação é complexa, e há que apartar as águas.

Há retrocessos graves que são apresentados e até saudados como grandes progressos.

A precarização e mobilidade laboral extremas são aclamadas como imperativo do progresso e necessidade da Economia. Mas, e as pessoas que as sofrem?

A eficiência, a celeridade, a segurança espezinham não raro os direitos dos cidadãos e importantes princípios jurídicos. Citações judiciais por mera notificação postal simples, ou pagamento de multas "na hora", são exemplos de como as garantias se estão perdendo...

Na educação, enquanto se alargam os períodos escolares porque se quer ocupar as crianças (já que os pais estão na máquina do trabalho, sem tempo para eles) terminam as classificações nos doutoramentos, que se banalizam, e todo o sistema cai no laxismo, produzindo diplomados que "não sabem ler nem escrever", como para os de Direito disse um anterior Bastonário da Ordem dos Advogados.

Também há redescobertas que, quais ovos de Colombo, são exemplos de *déjà vu*.

Giovanni Papini conta no seu *O Passado Remoto* que andava por essa Europa fora apenas munido de um cartão de visita. Hoje cantam-se loas à liberdade de circulação europeia.

A responsabilidade civil dos Romanos era muito objectiva. Hoje crê-se haver-se inventado a pólvora com a objectivação em certos casos de responsabilidade.

Hoje aplaude-se o laicismo em matéria legal como coisa dos nossos dias. Mas foi um santo católico, Tomás de Aquino, quem clamou pela separação entre a crença e a Justiça, entre a religião e o Direito.

Os exemplo, na verdade, não terminariam nunca.

E que se passa? Não se passa nada. E dentro de alguns anos o substancial terá sido trocado pelo superficial ou formal. E pior: com uma política educativa e de comunicação social de demagogia e circo, com uma política sem valores, sem História e sem memória... já não haverá ninguém para contar como era. E como era, realmente, melhor. Como a vida mais responsável, mais culta, mais amena, com outro ritmo e outros objectivos, era mais bela e muito mais feliz.

Já no séc. XX se assistira em muitos aspectos a esse fenómeno de branqueamento do presente à custa do caluniar do passado. É muito natural que novos mitos de idade das trevas venham a defender o cinzento e triste quotidiano do futuro de tempos melhores do seu passado. Desde logo dos nossos, apesar de tudo.

Não há razão para angústias. Nós vivemos hoje um tempo de oportunidades únicas. Encontramo-nos certamente nos últimos tempos (de agonia imprevisivelmente mais ou menos prolongada), antes que os feros cavaleiros da barbárie nos privem definitivamente da honra, da liberdade, da propriedade e da vida. Tudo bens e valores que o Direito deve respeitar e fazer respeitar.

O pensamento jurídico negativo, na nossa opinião, conjura para nos tirar tudo isso:

a) *Honra*

Confiscam-nos a nossa honra de pessoas quando nos tratam como números, quando não respeitam o nosso trabalho, quando subtraem direitos aos que, em geral, vivem do seu trabalho, e abatem a dignidade daquelas profissões cuja dignidade simbólica era um bastião de honra geral (e de liberdade...):

Quando os magistrados passarem a ser simples funcionários, ou, talvez pior ainda, quando toda a sua carreira depender de fidelidade política, ou quando os professores forem totalmente despromovidos a burocratas sem *libertas docendi*, guardadores de crianças, adolescentes e jovens – então o Leviatã está aí.

Quando na televisão não poucos concursos promovem uma prostituição generalizada mais ou menos subtil: desde o "corta meio bigode e dou-te um automóvel...", aliás, um "magnífico automóvel", até ao *Big Brother* e afins – a nossa honra colectiva periga, e muito. Porque já há quem se esteja a habituar a essa transacção, e tudo pode ser afinal um enorme e disfarçado exercício de domesticação.

Bem disse uma locutora portuguesa deste último programa algo como isto: "quem tem ética morre de fome". Uma síntese admirável…

Mas há investidas mais letradas que estas. E igualmente perigosas.

Quando o cientista Richard Dawkins faz votos para que no séc. XXI a dicotomia entre corpo e alma seja resolvida, e não pelos filósofos, mas pelos cientistas, sentimos que a nossa honra de criaturas diversas dos animais e superiores a eles está em perigo.

Quando Peter Singer, académico militante dos ditos direitos dos animais, parece por vezes preferi-los aos homens, e pensa na sua representação judicial através de curadores humanos, contra homens, estamos persuadido que a nossa honra e a nossa dignidade está em dificuldades com os teóricos.

Quando Andrea Dworkin propõe, afinal, a exlusão de metade do género humano da justiça, e admite a utilização da violência como meio, cremos que, por mais fortes que possam ser as suas razões, a dignidade e a honra do conjunto da espécie humana está em perigo. Alguns gostarão, e aproveitaria a alguns (não, certamente, a todas as mulheres) mas seria realmente muito injusto que, como defende a autora, viesse a existir "um sistema legal dominado pelas mulheres em todos os países". Como o seria se o sistema legal fosse dominado pelos homens, pelos velhos, pelas crianças, por uma qualquer raça, ou até pelos fumadores de cachimbo…

E quando o profeta do fim da história, Fukuyama, persuadido que os problemas do mundo são provocados por homens jovens, vê a solução no envelhecimento e feminização da política (ou dos políticos), cremos que nesta confluência há algo de um lugar comum de que o estabelecimento de quotas parlamentares tem sido um eco institucional em alguns países.

E todavia os beneficiários das quotas, por exemplo na Universidade, sejam desportistas, emigrantes, mulheres ou filhos de trabalhadores, não foram nem são em geral mais felizes com a discriminação positiva; e principalmente: os grupos segregados ou pseudo-segregados a que pertencem (pertenciam?) não foram os reais beneficiários da sorte, que bafejou apenas uma mão cheia de novos privilegiados.

Quando Sherry Turkle profetiza que os nossos filhos virão a ter relações sentimentais com computadores mais próximas que as relações interpessoais humanas, e pensa numa espécie de ética dos comportamentos adequados ou não adequados face às máquinas (as quais, ao que parece, também já têm relações entre si – veja-se o caso de mútua sincronização entre relógios de pêndulo...) – no limite poderemos pensar num direito das máquinas, além de um direito dos animais e das plantas...

Finalmente, quando Kevin Warwick admite um futuro de hibridação do sistema nervoso humano com implantes tecnológicos e prefigura uma interacção de mentes, como que "em rede", ele próprio se pergunta "o que irá suceder ao indivíduo?"

Terrível *Brave New World* o que tantos dos cientistas e académicos da moda nos propõem. E outros tantos nos chamam a atenção para o que se está preparando...

Mas, recordemos, ante os admiráveis mundos novos não se pode fazer nada a não ser resistir pessoalmente. Tal como em *Fahrenheit 451*, de Ray Bradbury, a tarefa é, *mutatis mutandis*, começar cada um a decorar um livro, ante a ameaça de os bombeiros passarem a ter como tarefa o holocausto de todas as publicações.

E para que todos os livros próximos de nós sejam condenados à fogueira basta um ditador. Nunca é demais recorda-lo.

b) *Liberdade*

Confiscam-nos a nossa Liberdade com o policiamento omnipresente (mas invisível na hora dos crimes), a burocracia demencial e asfixiante – como a do palácio da loucura n'*Os 12 Trabalhos de Astérix* –, com a diminuição das garantias penais, com a intromissão abusiva na nossa vida pessoal, devassada por contínuos formulários e impressos, inquéritos, estatísticas, bases de dados informáticas, declarações obrigatórias, certificações reiteradas, além de monitorizações e filmagens de vídeo com o registo de nossas vidas... o qual, em boa medida, já é do conhecimento dos bancos, com a impressão digital *pari passu* das nossas operações monetárias através dos cartões de crédito e débito. E com o fim do sigilo bancário, a nossa vida será, ainda mais, um livro aberto. Também o segredo de justiça se vai pondo em causa.

Com a proliferação da necessidade de pedir licença, de apresentar papéis, de submeter-se a controlos, o cidadão não poderá respirar. E baixará a cerviz.

Os contratos de adesão proliferam, as cláusulas contratuais gerais são abusivas. E os consentimentos tácitos são cada vez mais frequentes (mesmo para doação de órgãos e tecidos *post mortem*).

Jhering escreveu que da aquisição originária já no seu tempo só restavam a caça e a pesca, e que o Direito se tinha tornado muito aborrecido. No nosso tempo já o está a ser. Mais que aborrecido (parece que as estórias felizes são algo insípidas, e por isso aborrecidas) o problema é que pode não ser uma estória feliz. Corre-se o risco de que se transforme em mera técnica de coacção.

4. Propriedade

Confiscam-nos a nossa propriedade com uma tributação que ronda os 50% dos proventos do trabalho de quem não é suficientemente rico para iludir a Fazenda pública, e que chega a nada ou quase nada para os que têm muito para a ela se subtrairem, contornando a lei e os inspectores, subornando quem possam e contratando peritos em fiscalidade hábeis e desonestos. A lei ao serviço de um Estado confiscador não é mais Direito. Tirar não aos ricos mas à depauperada classe média e aos pobres para alimentar a classe política e o desperdício são programas que nada têm a ver com justiça, nem com justiça social.

5. Vida

Finalmente, tiram-nos a vida, promovendo uma sinistra cultura de morte. Uma cultura em que o escândalo passa a ser a normalidade. Em que se banaliza o aborto, volvido em meio corrente de controlo da natalidade, em que se trivializará a eutanásia, com enormes riscos de tráfico de órgãos e de verdadeiros homicídios clínicos com esse fim, que nos faz marchar para a morte em guerras, não já por causas, mas por artigos de tratados ou abstracções de princípios longínquos.

Há, como aflorámos já, um branqueamento do presente (um presente que é anúncio de um certo futuro) com a utilização de uma diabolização caluniosa do passado. Sempre que o adjectivo "medieval" se agite no ar da discussão, cuidado: há algo de mal na nossa sociedade, mas por isso mesmo é preciso dizer que já foi muito pior, nesse mitificado tempo de pretensas trevas.

Não fiquemos porém descansados pensando que progredimos muito desde a Idade Média. No pensamento jurídico, pouco de essencialmente válido é original desde há muitos séculos...

Feito o balanço e a prospectiva da crise, quiçá do próprio desaparecimento do Direito, pelo menos enquanto arte do bom e do equitativo, constante e perpétua vontade de atribuir a cada um o que é seu... vamos de seguida pensar um pouco sobre as principais claves jurídicas para o séc. XXI. Elas analisar-se-ão em desafios.

CAPÍTULO II
Claves e Desafios Jurídicos para o Séc. XXI

1. Claves Sócio-Políticas

a) *O Desafio do Pluralismo Sócio-Cultural*

O Pensamento e a prática jurídicas têm que ter em atenção que hoje já não se pode tratar homogeneamente a população de um qualquer Estado, e sobretudo os mais variados internamente. Há dentro dos estados não apenas minorias de vários tipos como sensibilidades, crenças, culturas, que ganham importância crescente e que possuem plena consciência da sua identidade. O pensamento jurídico não pode esquecer que há "estilos de vida" muito diferentes, os quais se conectam com economias paralelas, culturas alternativas, etc..

A moda está atenta e dá voz a algumas dessas minorias (nem todas numericamente minoritárias – como a grande minoria maioritária que são as mulheres), mas olvida e remete outras ao silêncio. Escuta as que têm poder reivindicativo e valor enquanto público consumista potencial, mas ignora as pretensões dos que não falam alto, não conseguem paralizar um país, não têm poder económico para comprar ou financiar. Acode, ainda, aos que podem fazer distúrbios, praticar violência, mas penaliza os pacíficos. Em nome do sensacionalismo e do espectáculo, prefere os bizarros aos comuns. Elege algumas vítimas e esquece as vítimas normais.

Há que escolher. A pretensa neutralidade do Estado democrático contemporâneo está em questão: subsídios a hospitais sem camas, ou a filmes sobre Branca de Neve sem imagens? Subsídios aos jovens que não querem trabalhar ou aos velhos que já não o podem fazer? E ainda: subsídios para múltiplos estádios de futebol sumptuários, santuários da cultura do circo, ou pão para quem tem fome? Protecção legal das "famílias alternativas" (incluindo a constituída pela Lobo Mau, Avozinha e Capuchinho Vermelho) e impostos sobre o casamento?

É desejável que o séc. XXI possa ser capaz de harmonizar uma intenção ética do Estado com o respeito pelas pessoas e grupos sócio-culturais respeitáveis. Um bando de marginais não pode invocar a filiação numa qualquer religião esotérica para justificar a produção, consumo e quiçá até difusão de droga. Uma mafia, por muito antiga que seja, não pode pedir um subsídio destinado a apoiar instituições tradicionais. E se a união de facto o é porque não é legal, porque é *præter legem*, não poderia invocar nenhum princípio de não discriminação precisamente para obter o que, por definição, nunca desejou: obter um registo ou uma declaração num documento de identificação. Tal indicação em bilhete de identidade ou passaporte, criaria, apenas, uma nova categoria de casamento, talvez mais *chique* ou mais moderno…mas já não uma união de facto. Não se pode ser ao mesmo tempo marginal e legalista, como não se pode ser em simultâneo empreendedor liberal e protegido membro de uma clientela do Estado.

Além do mais, a sociedade ocidental perdeu os mecanismos tradicionais de contenção e de regulação dos conflitos. Não mais subsiste uma generalizada obediência (muito pelo contrário) à religião, a uma moral única, de responsabilidade e até de sacrifício, e tampouco se respeita a etiqueta, regras de trato social, etc.. Os mais velhos não mais são árbitros naturais, muitas vezes não apenas porque não são respeitados, como ainda porque já não se dão ao respeito, copiando avidamente os jovens… Assim, o Direito cada vez mais se encontra privado de apoio social e normativo noutras ordens sociais. Tem que prover a tudo. Por exemplo, o Código Civil português de 1966 já previa (com um sentido futurológico inusual, deve reconhecer-se) a atribuição pelo juiz do nome de uma criança, em caso de litígio entre os respectivos progenitores. E há casos em tribunal, hoje. Não se decide consensualmente, nem com cedências mútuas, nem com um árbitro familiar, mas em tribunal. *Brave new world...*

A sociedade futura, a continuar assim individualista, atomista, na guerra de todos contra todos, terá um Direito pouco puro, mas – e esta é uma nota de tranquilidade para os candidatos a juristas – sempre terá necessidade de juristas, pois será muito, muito litigiosa. Juridicamente litigiosa também, estamos em crer.

See you in court será uma das frases mais repetidas. Porque, além do mais, o futuro falará inglês...

b) *O Desafio da Globalização*

A globalização não é em si boa nem má. Mas obriga-nos a pensar em grande. A droga, a insegurança e nomeadamente o terrorismo, estão agora em jogo a uma escala planetária.

O que o Direito tem de fazer é pensar com rasgo mais amplo. De que vale despenalizar a droga na península ibérica? Seria o paraíso dos consumidores e dos traficantes. Se se faz o Euro 2004 em Portugal tem que haver policiamento suficiente para prevenir um outro 11 de Setembro. E há que concertar esforços com os departamentos policiais globais.

Mas deve mesmo haver polícia espanhola da *Volta a Espanha* em território português? E agressões a deputados pela polícia alfandegária? Ou vice-versa? Não nos parece. E não fora a docilidade de que falámos (mais agravada ainda em Portugal) poderiam ter ocorrido incidentes diplomáticos complicados.

Um exemplo: Poderemos ter um Código Civil europeu?

Primeira questão: será tal coisa necessária por si mesma, ou está sobretudo votada à maior glória da sua comissão redactora, novo Sólon, Drácon, Clístenes?

Segunda questão: E com tal código mantém-se, por exemplo, o direito foral espanhol?

Terceira questão: E onde se aplica o tão falado princípio da subsidiaridade?

De tudo isto resulta que a questão da globalização, em Direito, se resolve com os velhos princípios de Santo Isidoro de Sevilha (*Etimologiæ*, V, 21): a lei nova tem que ser honesta, justa, possível, adequada à natureza, ao costume nacional, oportuna temporal e localmente, útil, clara e dirigida ao interesse comum.

Assim, o desafio da globalização impõe vistas largas e rigor prudente para não embarcar em quimeras. E a globalização deve harmonizar-se e equilibrar-se com a glocalização.

E para terminar este ponto, o tópico comum da globalização: a *internet*. Tantas canseiras, tantos trabalhos. Mas *gedanken sind Zollfrei...* Esquecemos já quem o disse. Mas por que razão limitar as *surfadas* nos oceanos da *net*? Um dia, no futuro, a *net* poderia vir a ser nada mais que um *gadget* encerrado num mundo bárbaro. Mas cremos, ao invés, que tudo ponderado, ainda estamos mais próximos de um futuro em que as proibições, os *sites* pagos, as restrições (salvo filtros voluntariamente pedidos) serão encaradas generalizadamente como coisas rão absurdas e tão arcaicas como as portagens feudais e o *mare clausum* do Padre Serafim de Freitas.

2. Claves Jurídico-Institucionais

a) *O Desafio do Pluralismo Normativo*

Já não se sabe em que lei se vive... Bem, tampouco esse é um problema de hoje, na verdade. O filósofo do Direito italiano Luigi Lombardi Vallauri aconselha-nos a pensar como juristas neo-alto-medievais. Agora, como então, o problema é a super-abundância e a obscura hierarquia de fontes do Direito.

Assim, há que considerar as fontes, inclusive a lei, como tópi-cos para o debate dialéctico contraditório de uma questão em tri-bunal, critérios (e sem dúvida a lei é um critério privilegiado, mas não o exclusivo) para uma decisão justa a proferir por um terceiro face às partes, independente e experiente e sabedor, que deve ser o juiz.

O estadualismo e o positivismo legalista haviam fechado muitas portas e muitas janelas no castelo do Direito, que se quedava numa penumbra sem ar. Mas a revolução pós-moderna trouxe consigo a proliferação dos centros normogenéticos (internacionais, europeus, estaduais, autonómicos, regionais, locais…) e tantas vezes mesmo os poderes paralelos: institutos públicos e serviços centrais, empresas municipais e departamentos das autarquias em duplicação de funções, competências, e funcionalismo…

Há do bom e do mau nesse pluralismo. Há o que é irracionalidade, desorganização, contra-poder, hipertrofia do Estado e afins. E há o que é vera manifestação do princípio da subsidiaridade e como tal útil e saudável.

Por outro lado, os juizes precisam de voltar a pensar dialecticamente. O mundo que vem aí, que já aí está, não se compadece com a figura daquele zeloso cumpridor da norma que aplica toda a vida o mesmo e velho artigo do código, e, com a inversão do silogismo judiciário, que usa mas não conhece, se o pleito não cabe na sua norma, que mude o objecto do pleito para que a norma possa continuar a ser aplicada…

b) *O Desafio do Pós-Estadualismo*

Todas estas sumariadas transformações em curso significam também que o Estado perdeu o monopólio tendencial da coacção, do legiferar, e de instrumentos fácticos e ideológicos esenciais às tarefas que tinha, e que, curiosamente, parece não ter perdido, antes pelo contrário.

Cai por terra o estadualismo institucional, e o mesmo sucede com a soberania, pelo menos tal como a entendeu Jean Bodin.

Doravante o Direito deixa de se poder identificar com o Estado, como queriam e querem os Kelsen de sempre, e cai a máscara da bela definição de Direito que a todos une: nunca foi verdade que o Estado fosse o alfa e o omega do Direito. Além de que o Direito é anterior ao Estado. Mas é claro que o Estado é uma realidade terrível, gigantesca, e ao mesmo tempo sedutora; contudo, com data de nascimento, e quiçá uma morte anunciada.

O que temos na União Europeia não é um estado europeu. Não é ainda plenamente uma federação. Um *novum* está a ganhar vida...

É esse um desafio, mas também um perigo. Há um *déficit* democrático na constituição da Europa. Os eurocratas praticamente podem tudo decidir sem o cidadãos. Quando um referendo dá a vitória à Europa, muito bem, diz-se que a democracia funcionou. Quando os resultados são adversos, há que insistir até que os povos mudem de ideias. Nada de novo: o mesmo se dá em Portugal com o referendo do aborto...que aliás nunca deveria ter sido feito, em rigor, porque a vida não se põe à votação.

O perigo de uma burocracia cosmopolita (ou de um Estado ou grupo de estados dominantes: na prática é o mesmo) ditando o Direito sem relação com a realidade concreta de cada povo, de cada nação, não é de excluir.

Mas a promessa de uma Europa das Nações e dos Povos obriga à vigilância, para que o futuro seja o bom e não o mau.

3. **Claves culturais e jusfilosóficas**

a) *O Desafio Cultural*

O Direito não pode viver isolado. Os juristas sempre foram grandes literatos, pintores, gente de cultura. Mas o séc. XX, com a sua insistência tecnocrática e especializadora, deixou-nos legiões de juristas que, só sabendo Direito, nem sequer Direito sabem.

Um dos desafios tanto social como jurídico mais relevantes do nosso tempo é precisamente o da educação e da cultura, e dentro desta, o da educação humanística. Sem uma sociedade minimamente culta e com sensibilidade para os valores mais vitais de sempre, a vida do Direito e dos juristas será mais complicada. Mas o mais grave é que com uma deseducação obrigatória geral, o Direito vê-se em apuros para se desenvolver e sequer para ser entendido.

Um desafio importantíssimo é, assim, o de pôr cobro à demagogia educativa, e a concomitante implantação de um ensino de qualidade, com rigor e esforço...

À urgência da cultura geral acresce a da cultura jurídica. Os juristas, já devidamente formados, devem invadir as repartições públicas que não sejam do foro de outros especialistas (por exemplo, as que lidam especificamente com questões económicas). As administrações públicas e as empresas privadas necessitam de muito mais juristas. Quando num *guichet* que fala com o público não restar um só burocrata mal humorado e juridicamente ignorante, mas um jurista (e um jurista simpático no seu necessário rigor), e quando se mudar o *guichet* por uma mesa corrida em que as pessoas se olhem frente a frente, olhos nos olhos, então sim, haverá diálogo e modernização positiva da administração. Até lá, será fogo de vista.

Não é apenas uma questão de pessoas, e muito menos uma reivindicação corporativa da nossa parte. É que há muita coisa em jogo por detrás desta questão:

Para um burocrata, o cidadão é um inimigo, virtualmente um infractor. Para um jurista bem formado, será um cidadão que tem direito a um serviço público, que pagou, e bem caro, com seus impostos, taxas, selos, emolumentos e agora com seu o tempo e a presença física da sua pessoa. Será preciso mais?

Uma questão vital é, então, disseminar juristas por todos os centros de decisão – não com vista ao poder, mas ao serviço, numa espécie de cruzada pela eficiência, pelo rigor, pela simpatia e pela Justiça em especial.

Mas evidentemente será pior a emenda que o soneto se os juristas funcionários lerem pela cartilha do *dura lex*. Aí, em vez da ignorância da lei teremos toda a malícia da legislação. E será ainda pior para o pobre cidadão acossado, "cão de pescoço pelado".

Portanto, há uma batalha essencial e prévia: a da formação dos juristas, e muito particularmente a sua formação hermenêutica e literária.

Esquece-se demasiadas vezes que o Direito é – foi José Calvo González quem no-lo demonstrou muito claramente – para além da norma, facto, valor, também texto, discurso... E há que compreender o Direito com a participação dos instrumentos de análise literária, semiótica e hermenêutica.

O jurista tem de compreender. E tem que saber interpretar. Mais ainda: a tarefa do jurista não é subsuntiva, mas antes criadora, a partir dos tópicos indiciadores, sobretudo textuais no tempo que corre. Há assim que ensinar de novo os juristasa ler e a escrever. E hoje isso significa estudar Direito não como uma anatomia que se memoriza, mas como uma sabedoria holística e dialéctica, algo que obriga a conhecer mais que o Direito, muito mais ainda que ele...

Um grande escritor francês do séc. XX disse que o séc. XXI seria religioso ou não o seria. Sem entrar nesse problema, de não pequena relevância aliás, mas que prejudicaria a nossa profissão de fé num Direito laico, poderíamos dizer que o séc. XXI será ético, estético, social, democrático, pacífico... ou não o será. Ou será a barbárie pseudo-civilizada, na realidade tecnocrática e tecnolátrica. Há dúvidas de que ainda subsista Direito tal como epistemologicamente foi concebido pelos seus criadores científicos primeiros, os Romanos. É que o direito só é Direito se for uma normatividade justa. E sem homens justos não é possível fazer Justiça. Não é possível aspirar a ter numa sociedade juristas justos – e justos porque rectos, cultos, prudentes – num ambiente de gente corrupta, conformada, aviltada. É que se não há povo que resista sem uma elite, também nenhuma elite se consegue substituir ao povo.

b) *O Desafio da Filosofia do Direito e o Desafio da Justiça*

O Direito do séc. XXI só poderá ser verdadeiro Direito se apoiado e inspirado por uma retaguarda teórica sólida e esclarecida, com instâncias de regulação, análise, com limites e com muita muita prudência. A Filosofia do Direito é precisamente a disciplina a que incumbe essa tarefa de Sísifo de acompanhar criticamente o caminho do direito, e eventualmente de propor soluções que a política jurídica adaptará às circunstâncias, no limite segundo as perspectivas ideológicas de cada grupo. Embora muitas matérias possam e devam ser consensuais e trans-ideológicas. Isso é, aliás, característica que contradistingue o velho e clássico Direito: o não vogar ao sabor dos interesses e das convicções políticas de momento.

O séc. XX foi atravessado por múltiplas correntes do pensamento jurídico. Todas as antigas voltarão certamente e ainda nascerá um par de novas[2].

Dividiríamos as diferentes correntes, muito simplesmente, em três grupos de categorias:

a) Quanto à ontologia jurídica – e por isso mesmo com múltiplas consequências – podemos considerar os positivistas (legalistas, sociologistas e historicistas), e os não positivistas (jusnaturalistas e "justicialistas", digamos – adeptos da ideia de Direito, de Justiça, etc.). Todavia ainda preferimos chamar jusnaturalistas a todos os que não são positivistas, e isto mesmo contra sua vontade… Não há ainda expressão capaz de, com o mínimo de consenso, substituir a velha designação "jusnaturalista"…

Todos os positivistas crêem numa imanência do jurídico, que nasceria da vontade do poder (legalistas), ou da situação prevalecente numa dada sociedade, quando não da vontade de um grupo iluminado que a mescla com a realidade social (sociologistas), ou, hoje em dia mais raramente, com uma

---

[2] Sobre tais correntes, cf., por todos, as recentes sínteses de RAFAEL HERNÁNDEZ MARÍN, *Historia de la Filosofía del Derecho Contemporánea*, Madrid, Tecnos, 1986; GIANLUIGI PALOMBELLA, *Filosofia del Derecho Moderna y Contemporánea*, trad. cast. de José Calvo González, Madrid, Tecnos, 1996.

pretensa linha escatológica da História, a seguir inelutavelmente (historicistas). Por seu lado, os não-jusnaturalistas acreditam todos num não-monismo jurídico. Ou seja, por detrás ou mais alto que o direito positivo vêem uma instância superior de regulação com a qual este direito deveria entrar em conformidade. Essa instância tem muitos nomes e pode apresentar diversos contornos. Ora se fala na natureza das coisas, de direito natural, de ideia de direito, de princípio normativo, ou de justiça.

Trata-se de algo que não é cultural nem voluntário, mas natural – natural tanto no sentido de imanente às coisas, como que fisicamente próprio delas, como natural no sentido de específico da sua profunda natureza axiológica. Por outras palavras, embora *grosso modo*: tanto da natureza como é (*sein*), como da natureza como deveria ser (*sollen*).

No campo dos jusnaturalistas, há que distinguir os adeptos do do jusnaturalismo moderno, ou jusracionalistas, e os adeptos do jusnaturalismo clássico, ou realistas. Os primeiros concebem o direito natural sobretudo como uma espécie de decálogo de princípios mais ou menos universais e imutáveis a que a razão, endeusada, chegaria. Assim acabam afinal por criar um duplo direito positivo: o vigente, e o natural. São contudo responsáveis por importantes princípios gerais e fundamentais do Direito. Os segundos pensam o Direito de uma forma dialéctica, e para estes, se forem fiéis aos seus princípios, a busca da Justiça é permanente e infindável: *constans et perpetua voluntas...* Constante e perpétua vontade, diz um clássico texto do Digesto. Por isso mesmo o Direito não pode cristalizar numa qualquer lei ou codificação, constituição ou declaração de direitos, mesmo universal e de inspiração jusnaturalista (como o é, aliás, a Declaração Universal dos Direitos do Homem). Há sempre que discutir, e é velho adágio que "pensada lei, pensada malícia". Pelo que, para eles – embora possa chocar alguns – o Direito Natural haveria que ser sobretudo uma preocupação e um método.

b) Outra divisão não menos importante é a que distingue os adeptos do pensamento sistemático ou dogmático dos que defendem o pensamento problemático ou tópico.

Parece claro que os positivistas legalistas são em geral partidários do pensamento dogmático e sistemático, e os realistas do problemático e tópico. Mas há excepções. A ideia de sistematicidade seduz sobretudo os espíritos racionalistas, que desde logo crêem que o Direito é uma ciência. Por outro lado, a problematização e a tópica é própria dos que afirmam o direito sobretudo como uma arte: arte do bom e do equitativo, de atribuir a cada um o que é seu…

c) Também se pode separar o normativismo metodológico do judicialismo. A questão cifra-se fundamentalmente em acreditar-se mais na lei ou ter-se mais confiança nos juizes. Há tendências antagónicas cíclicas: quando a lei nos asfixia, com seu rigor máximo, com a sua qualidade duvidosa, *dura lex*, então suspiramos pela *auctoritas* de um juiz probo, sabedor, prudente. E com poderes para passar por cima dessa lei iníqua. Já porém quando os juizes se tornam impreparados, corruptos, incultos, insensíveis, inflexíveis, subjectivistas, subservientes ao poder, prepotentes, então clamamos por lei cegas e iguais para todos: Deus nos livre da equidade dos *parlements*, dizia-se no *Ancien Régime* francês…

Contudo, em abstracto, e pressupondo o melhor dos legisladores e o melhor dos juizes, há, evidentemente, preferências. A lei é a preferida dos mais abstraccionistas, enquanto os juizes colhem os sufrágios dos que desconfiam dos grandes projectos e das utopias. A lei é escolhida pelos mais planificadores; os juizes pelos que se preocupam mais com a justiça concreta de cada caso do que com a justiça abstracta das grandes generalizações.

Todos os contributos, porém, contêm elementos muito válidos, que fazem parte do riquíssimo espólio da grande casa do Direito. Mas, evidentemente, é fácil concluir, pelo que costumo dizer, que não somos positivista, somos adepto do pensamento problemático e defendemos o judicialismo.

Cada um deve pensar como desejar... Nada há de pior que pensar pela cabeça de outro.

Dito isto, achamos que se deve voltar ao essencial. E o essencial em Direito é a demanda da Justiça. Essencial mas muito difícil e complexo.

Se o Califa Omar, o que mandou incendiar a biblioteca de Alexandria, nos tivesse concedido a graça de escolhermos um único livro (além do Alcorão, claro) que fosse salvo do fogo, o jurista que gostaríamos fosse o símbolo do séc. XXI não teria quaisquer dúvidas: não seria o *Corpus Iuris Civilis*, nem tampouco uma colecção de legislação, nem mesmo a Lei das XII Tábuas. Seria a *Antígona*, de Sófocles.

A luta da pequena e indomável jovem que se não cala nem se curva ante o poder despótico, ainda que sob forma jurídica. Que diz a seu rei e seu tio que há leis mais altas, mais profundas, mais verdadeiras, mais duradouras e mais obrigatórias que os seus decretos tirânicos.

O século XXI será o século de Antígona ou não o será. A menos que escolha ser o século de Creonte...

Parte II

AS DUAS JUSTIÇAS
JUSTIÇA MORAL E POLÍTICA
VS. JUSTIÇA JURÍDICA

(A PARTIR DO COMENTÁRIO DE TOMÁS DE AQUINO
AO LIVRO V DA *ÉTICA A NICÓMACO* DE ARISTÓTELES)

CAPÍTULO I
O Livro da Justiça.
Diálogo fingidamente pré-tomista
com o Livro V da Ética a Nicómaco

1. Ponto de mira

Vamos começar por abordar a questão da Justiça buscando inspiração nos grandes clássicos. E eles são, no nosso caso, Aristóteles e S. Tomás de Aquino.

Dá-se o fasto acaso – que não o será decerto, realmente – que o diálogo entre o Doutor Angélico e o Estagirita, tendo-se exercido, é certo, em múltiplos aspectos, adquire aqui uma feição especial, porquanto felizmente chegou até nós um comentário do primeiro ao capítulo da *Ética a Nicómaco*, em que o segundo desenvolve a sua teoria da justiça. É pois a partir destes dois textos que julgamos dever começar-se a investigação.

A nossa leitura pessoal do Livro V da *Ética a Nicómaco* tem, como é óbvio, uma História. Partiu não do estudo filosófico, ético, ou teológico, mas desde logo de intenções jusfilosóficas. Partiu essencialmente da leitura dos *Précis de Philosophie du Droit* de Michel Villey e do último livro que este autor publicou em vida, *Questions de Saint Thomas sur le Droit et la Politique*. Mais tarde, leríamos um passo de Mário Bigotte Chorão, o conhecido jusnaturalista clássico português, que felizmente nos tranquilizou, porque já tínhamos lido este livro. Assinalava este autor realista clássico que a leitura desse texto do Estagirita deveria ser ponto de honra para todo o jurista e estudante de Direito.

Devo acrescentar que se me afigura que deveria ser ponto de honra para todo o que aspira a ser culto, o que, segundo a minha concepção de universidade, significa: ponto de honra para todo o estudante universitário, de qualquer curso. Pois, na verdade, a temática da Justiça a todos interessa, e sobremaneira.

Mas valem estas reflexões confessionais sobretudo para explicitar que o nosso interesse foi de início (e em boa parte ainda é primacialmente) jusfilosófico. E é com os óculos desse mesmo interesse que nos permitimos olhar para o texto de Aristóteles, primeiro sozinho, e depois pela mão de Santo Tomás. A razão de metodologicamente seguirmos esta via é simples: devemos voltar aos originais; e não faz sentido debruçarmo-nos sobre um comentário sem, primeiro, ler e comentar, ainda que sumariamente, o comentado.

2. Aristóteles e Santo Tomás: filões para os juristas

Do ponto de vista de um jurista interessado na filosofia do Direito, busca-se muito menos o problema da felicidade humana pelas virtudes (e a sua determinação e explanação, bem como as suas relações, e destas com os vícios) que a questão da determinação do que seja o justo e o injusto jurídicos.

O que sucede com o texto de Aristóteles, como aliás o que virá a ocorrer com Santo Tomás, é, para nós, deveras interessante: é que não sendo nem um nem outro juristas, tendo vivido aliás ambos em períodos de *não-Direito*, isto é, sendo o primeiro anterior à autonomização epistemológica do saber jurídico, e tendo vivido o segundo em época em que tal especificidade se havia de algum modo perdido, há séculos já, revelam-se um e outros dos principais responsáveis pela teoria do *ius redigere in artem*, sendo um e outros pais do chamado *Isolierung* jurídico. Ou seja: a ambos se deve ter saído o Direito do caldo de cultura amalgamado de várias racionalidades e várias normatividades – eles contribuíram para que claramente se recortasse das diferentes ordens sociais normativas, da política e de outras formas de comando e organização.

Possuem ambos uma intuição essencial: da necessidade de separar uma área da actividade humana inegavelmente do domínio da função soberana e mágica da trifuncionalidade indo-europeia, apartá-la da álea fugaz e mutável dos ventos políticos, purificá-la das preocupações transcendentes da religião, e determiná-la com uma racionalidade própria (embora não essencialmente contraditória) até frente à ética e à moral.

Ora, apesar de a *Ética a Nicómaco* ser um livro de éticas (éticas como *ethos*, maneira de ser de vários *tipos-ideais*...) – como apesar de a *Suma Teológica* ser um tratado de teologia –, nem por isso o jurista com interesse em desvendar filosoficamente os fundamentos da sua arte, nem por isso o jurista deixa de encontrar tesouros que lhe são essenciais, e que não necessitam sequer de "tradução", "importação", ou "redescrição" na sua própria linguagem, porque quer o Estagirita quer o Aquinate se exprimiram em termos não só claros como, em certo sentido, suspectíveis ainda de uma leitura técnica. Pena é que a preparação sobretudo filológica de muitos tradutores em muitas línguas vivas, tenha ensurdecido o verbo de um e outro dos autores, que viram sobretudo as expressões "técnicas" subvertidas por formas literárias mais ao sabor dos efeitos de estilo que do rigor denotativo ou conotativo nos domínios da filosofia e da ciência política, quando não mesmo do próprio Direito.

Pode pois o jurista procurar, e encontra.

Foi o que fizemos.

3. Fio expositivo e teses principais do livro V

Na nossa modestíssima perspectiva jusfilosófica, este livro é fulcral decerto por razões diversas das que podem entusiasmar eticistas, filósofos, pedagogos, teólogos e outros.

No nosso entender, este livro é, se não o primeiro, pelo menos dos primeiros a fornecer a chave para alguns dos mais importantes problemas do Direito de sempre. E certamente foi neste livro que os

Romanos se teriam ido inspirar para cunhar com rigor teórico a sua arte jurídica autónoma.

Estes achados pouco têm a ver com a sistematização encontrada pelo Estagirita, o qual não tinha em mente tão afortunado resultado. É assim de forma esparsa que encontramos essas preciosidades.

Sigamos, porém, o fio expositivo de Aristóteles, sublinhando as passagens mais relevantes para esta revolução coperniciana no domínio da concepção da normatividade.

Fá-lo-emos do nosso ponto de mira, e também por isso de forma muito sucinta...

a) *Justiça e Virtude. A Virtude no Meio*

O livro V insere-se num estudo sobre a virtudes. Tendo Aristóteles concebido a virtude como um termo médio, um *estar no meio*, entre exagerados vícios, mister era de indagar, logo à partida, de que extremados vícios seria a justiça o meio, constituindo, assim, uma virtude. O Estagirita não responde imediatamente à questão, brindando-nos com um longo mas esclarecedor percurso. O nosso autor explica, no final de 1133 b, numa aplicação da sua teoria geral da virtude que pode parecer excessivamente formal, que a justiça é o termo médio entre o cometer a injustiça e o ser vítima dela... Talvez possa haver outra relação, outra tríade: no mundo de hoje é muito mais claro que a Justiça está entre dois exageros. Por exemplo (permitam-se-me exemplos que, embora os creia objectivos, poderão, no nosso mundo ideologizado, parecer *pro domo*): a justiça é *não acepção de pessoas*, como ensina, de resto, Santo Tomas – o que representa o termo médio (e etica e juridicamente superior) quer à discriminação negativa, quer à discriminação positiva.

Mas voltemos ao nosso livro. Aristóteles, tal como nós, deparase com a ambiguidade e polissemia da palavra justiça, apercebendo-se de que a homonímia esconde distinções mais ou menos subtis. Ainda se se referisse com o mesmo significante significados muito diversos, como a palavra *kleís*, a significar tanto "clavícula" como chave...! Mas não: *justiça* pode significar coisas parecidas, do mesmo campo semântico, mas realmente com significados bem diferentes.

b) *Justiça e Hábito*

Ao situar a sua análise no plano das virtudes, certamente este contexto lhe inspirou uma fórmula muito fecunda: a que considera ser a Justiça o hábito ou costume que habilita os homens a fazer coisas justas. E estamos em crer que é aqui que reside mais remotamente a fonte dessa imortal síntese da Justiça, cunhada por Ulpiano e que o Digesto imortalizou: *Iustitia est constans et perpetua voluntas ius suum cuique tribuendi* (D. 1, 1, 1, pr.). A concepção da justiça como uma constante e perpétua vontade pode ser, no plano filogenético ou da civilização ou da espécie, o que o *habitus* é no plano ontogenético, da pessoa ou do indivíduo.

c) *A Justiça e o Justo. Ao Justo pelo Injusto*

Mas o Estagirita não se fica por aqui. Num intuito de concretização, desce Aristóteles do justo (*to dikaion*) para o homem justo (*ó dikaios*), porque assim mais facilmente somos levados a aperceber-nos do que está em causa – a abstracção poderia obnubilar-nos. E então de que pessoas dizemos que são justas? Essas praticarão o justo... Mas Aristóteles sabe que definir coisas positivas, valores, ideais, é complicado e sujeito a demasiada *doxa*, excessiva opinião... Não há, para tirar dúvidas, como fazer o teste da negação dessas coisas positivas, desses valores.

Dale Carnegie, um clássico da teoria das relações humanas, afirmava que todos poderiam ser eloquentes depois de injustamente haverem sido esbofeteados. E Rafael Gomez Perez, na sua deontologia jurídica, aplica com sabedoria a máxima "não faças aos outros…" para explicar como mesmo um teórico nefelibata, defensor da abolição da propriedade, entra em contradição se lhe não pagarem os direitos de autor do livro em que professe o seu credo. Passe o anedótico destes exemplos modernos, o facto é que Aristóteles fez algo de semelhante: e em lugar de perguntar pelos justos, pergunta pelos injustos. Assim tudo se torna muito mais fácil. Pois bem: consideramos geralmente como sendo injustos os indivíduos que fazem uma de três coisas, diferentes mas próximas.

d) *Três tipos de pessoas injustas*

Primeiro, é dito injusto o que viola a lei. Hoje não é um uso muito frequente, nesta formulação linguística, mas temos fórmulas análogas. Podemos dizer que é um infractor, ou alguém que comete ilegalidade… Digamos que, nesse sentido, os nosso usos linguísticos evoluíram porque, embora violar a lei (o decreto, ou o acto administrativo, enfim, o ditame do poder ou da justiça…) seja normalmente sinónimo de injustiça, nem sempre o será… E Antígona é disso o grande exemplo e símbolo…

Em segundo lugar, é apelidado de injusto o que se atribui a si mesmo mais do que é seu.

E finalmente também se diz injusto o *anisos*. Quem é esta figura? Estaríamos tentado a dizer que este é o que foge à equidade, o iníquo. Ora, realmente, o tomar para si parte do mal geral, na proporção que lhe cabe, será uma aplicação da equidade…E quem toma menos nos males do que lhe compete é *anisos*, é injusto. Por iníquo…

e) *Três tipos de pessoas justas*

Daqui, *a contrario*, se deduz que o justo é (*grosso modo*, claro: estamos a falar de usos do termo, usos apenas…): o que obedece às leis, o que se atribui estritamente o que é seu (e aqui poderá estar a remota origem do *suum cuique tribuere*), e o que age com equidade: numa formulação consabida, mas elucidativa, o que *trata o igual igualmente e o desigual desigualmente, na medida da sua desigualdade.*

Como as duas últimas categorias talvez se possam aproximar (pois a primeira versa, afinal, sobre um justo político, positivo, e a segunda sobre um justo mais profundo, a que se poderá chamar natural, pelo menos em parte), Aristóteles sintetiza dizendo que o justo (e já não o homem justo: sobe agora os degraus da abstracção) é o que "está conforme à lei e o que respeita a equidade [preferimos esta palavra a *igualdade*, que hoje se encontra tão corrompida], e o injusto é o que é contrário à lei e que não observa a equidade".

f) *Teoria*

Sintetizemos, pois, aqui chegados, esta importante *démarche* metodológica de Aristóteles: nada de teorias abstractas, grandes formalismos, posições originárias ou véus de ignorância *à la* Rawls, nada de consensos ou comunicações *à la* Luhmann ou Habermas. A teoria da Justiça de Aristóteles parte do senso comum e da voz corrente: diz-se que este, aquele e aqueloutro (pessoas, todos) são injustos, por isto, aquilo e aqueloutro (acções injustas), logo, estes últimos hábitos (propensões continuadas, vícios) configuram a injustiça, e o seu contrário será a justiça. *Simplex, sigilum vero.*

g) *Justiça Moral e Justiça Jurídica*

Aristóteles já nos disse o que eram, em termos gerais, a justiça e a injustiça.

Mais ainda Aristóteles concorda com os que pensam que a Justiça é a mais plena virtude de todas, porque é uma virtude que a todas as demais pode convocar, dirigindo-se para os outros, o que é mais que ser virtuoso apenas para si próprio.

Simplesmente, esta Justiça virtude das virtudes (embora haja quem lhe dispute o lugar para a Prudência, como sabemos), está muito no alto. Muito no tecto da *Stanza della Segnatura* de Rafael. Os homens e os juristas precisam de uma justiça menos sufocante, mais humana... menos virtuosa, talvez, mas mais prática.

E essa justiça existe.

Digamos que partindo do amalgamar de tantas qualidades das três acepções de justiça referidas se cunha uma Justiça no céu estrelado.

Mas agora, olhando o mundo sublunar, vai-se cunhar teoricamente uma outra justiça, a justiça especificamente jurídica, ou justiça particular: e isso é de importância vital. A distinção da Ética, em termos teóricos, parece, apesar de tudo, bastante clara, e de novo os exemplos vão da injustiça para a justiça: ficando claro que uma injustiça, mais vasta, é sobretudo moral, e outra, mais estrita, especialmente jurídica. Um comentário do tradutor castelhano Pedro Simón Abril ao Capítulo II do Livro V é muito eloquente. E embora não seja de Santo Tomás, permitimo-nos uma citação: "Porque todo hombre vicioso hace agravio o a sí mismo o a outro, y el que hace agravio es injusto. Pero porque esta justicia, tan por sus numeros y remates puesta, es rara de hallar entre los hombres, y no es la que comúnmente se pide en el contrato de las gentes (porque no se podría tratar, tanta falta hay de ella), trata agora de la justicia particular, que consiste en dar a cada uno lo suyo, y muestra lo que se requiere de ella y en qué se peca" (http://cervantesvirtual.com/servlet/SirveObras//45797399763483862935568/p0000003.htm#I_52_)

Diz, com efeito, Aristóteles, depois de haver exemplificado diversas formas de se ser injusto, umas mais próprias do cobiçoso e outras mais privativas do dissoluto (sendo que o que caracteriza a injustiça particular é o exercer-se em vista do ganho): "De forma que fica mostrado claramente haver outra particular injustiça além da universal, que é uma parte da primeira e tem o mesmo nome que aquela (...)", acrescentando: "mas enquanto a injustiça no sentido particular (ou parcial, se preferirmos tal tradução, embora menos técnica) se relaciona com a honra ou com o dinheiro ou com a segurança (...) e tem por motivo o prazer proveniente do ganho, a injustiça tomada na sua totalidade relaciona-se com todas as coisas sem excepção que entram na esfera de acção do homem virtuoso".

h) *Justiça e Direito*

Esclarecidas a noção de Justiça e de injustiça, e apartada a virtude da Justiça geral ou universal da Justiça jurídica, virtude de tipo muito especial, fácil é passar à ideia de Direito como objecto da Justiça particular. *Ius est quod justum est. Ius est ipsa res iusta...* O direito é o que é justo, o direito é a própria coisa justa.

Mais ainda que a ideia de justiça como proporção e as analogias com a igualdade geométrica e aritmética, que dariam magnífico ensejo a um excursozinho interdisciplinar, estão para nós os problemas do direito natural e da equidade (ou, se preferirmos, da equidade propriamente dita, a *epikeia* por contraposição ao simples *isos*).

i) *Direito natural e direito positivo*

O filósofo está muito advertido de que o objecto da sua investigação tinha dois elementos: a justiça em termos absolutos e a justiça a que chama política, social, ou cívica. No fundo, a mesma justiça particular, vista sob o prisma da Pólis. E assim, Aristóteles explicitamente divide esta Justiça, que é a nossa justiça jurídica, em natural e legal. É a distinção entre direito natural e direito positivo. Natural é o que tem universalidade e está acima da opinião, legal o que originalmente pode até ser indiferente, mas que uma vez posto, se impõe – afirma-se em 1134 b.

Ensinamentos lacónicos mas de grande agudeza dizem o fundamental sobre essa entidade, o direito natural, que ainda hoje faz correr rios de tinta. Para Aristóteles só entre os deuses o direito natural será imutável; entre os homens, existindo uma certa justiça natural também, ela encontra-se em parte sujeita a mudança. E, é claro, o direito positivo é mutável e vário.

k) *Justiça e Equidade*

Além da justiça há a equidade. Ainda aqui Aristóteles faz apelo ao uso comum dos termos, que é favorável à equidade, embora nem sempre seja muito rigoroso. No fundo, e ao contrário do que pensam alguns positivistas, que das suas convicções fizeram lei (designadamente em Códigos Civis) a equidade não é uma espécie de válvula de escape do *dura lex, sed lex* de uma justiça apenas legalmente concebida. A equidade – diz o filósofo – "sendo superior a uma certa justiça, é ela mesma justiça, e não é como pertencente a um género diferente [do justo] que ela é superior ao justo. Há pois identidade do justo e do equitativo, e todos os dois são bons, apesar de o equitativo ser o melhor dos dois". A explicação prende-se de novo com o direito legal, voluntário, positivo. Continua o nosso autor: "O que torna as coisas difíceis é que o équo, sendo absolutamente justo, não é o justo segundo a lei, mas um correctivo da justiça legal", para a especialidade do caso. Decerto foi nesta formulação que se fundou a interpretação da equidade como o jarro de água que deveria dissolver o concentrado intoxicante de demasiado direito positivo...

l) *Itinerário*

Depois destas considerações, o Livro V passa a diversas aporias da Justiça, sem dúvida apaixonantes, mas todavia insusceptíveis de, por si mesmas e pela sua natureza, fundar uma *ars*.

Em síntese, o fundador do Liceu deixou-nos uma teoria da Justiça muito clara, e com suficiente elasticidade para se tornar perene: partiu da injustiça para a justiça, do homem injusto para o justo, do justo geral para o particular, separou, neste, o direito natural do positivo, e a este fez moderar pela equidade, que ressalta, afinal, como a grande e superior forma de justiça. De algum modo recordando, no mundo sublunar, a excelência da justiça universal, a justiça virtude das virtudes, que fora abandonada a meio. Mas agora é retomada depois de muito caminho percorrido.

.

CAPÍTULO II
O Comentário de Santo Tomás de Aquino

1. Brevíssima análise externa

Já tarda falarmos em Santo Tomás!

Mas, sem o nomearmos, na verdade quase não temos senão falado por ele.

Passemos, pois, a atribuir-lhe o que é seu, não sem que antes nos detenhamos nalgumas questões prévias. Na verdade, alguns aspectos da intenção e da circunstância de Tomás de Aquino ao elaborar os seus comentários à *Ética a Nicómaco* de Aristóteles nos parecem relevantes, e significativos para o nosso presente propósito. Sumariá-los-emos, sem quaisquer pretensões eruditas.

Tomás de Aquino não visa captar apenas nem sequer principalmente a letra do texto de Aristóteles (que aliás lhe era de algum modo inexpugnável, pois trabalhava a partir de traduções, dado não saber grego). Não faz, nesse sentido, uma *expositio*, mas antes uma *sententia*. Visa, na verdade, ir pelo texto mas mais além do texto, realmente captar o espírito ou intenção do autor (*intenctio autoris*), sem se deter ante as várias consequências lógicas dos postulados explícitos. O objectivo, como assinalam F. Cheneval e R. Imbach, não é apenas o de explicar (desdobrar – *ex-plicare*) o Estagirita, mas de procurar a verdade.

O intuito é, pois, heurístico.

E é-o até pelo facto de que este comentário terá funcionado como uma espécie de exercício ou guia para uso pessoal, e não destinado directamente aos estudantes. Uma imagem inveterada faz--nos ver o mestre comentando, de sua cátedra, os grandes livros.

Ora, neste caso, o comentário é um monólogo pessoal (tanto quanto o método aquinatense do ditado das suas obras o permita), e a crermos nas mais recentes interpretações, sobretudo de Gauthier – baseadas em lugares paralelos – tratar-se-ia de uma espécie de estudo preparatório para a redacção da II IIæ da *Summa Theologiæ*. Tal dataria este escrito entre 1271 e 1272, colocando-o no conjunto de inúmeros estudos produzidos pelo autor nessa sua segunda estadia parisiense.

Estudo preparatório, indagador, escrito para si mesmo, terá por isso características de não cedência pedagógica e didáctica. E todavia, paradoxalmente, aí se revelam, sem que o autor queira (sempre assim sucede, para o bem e para o mal) as grandes capacidades de ensino, de magistério, do Anjo das escolas.

Desde logo, neste trabalho se coloca o problema da objectividade e da subjectividade do comentador-intérprete. Têm sido dadas muitas respostas para o problema. Todavia, como assinala Celina Lértola Mendoza, seguindo uma posição que reúne de algum modo já Grabmann, Chenu e Gilson, parece poder conseguir-se um grande consenso em torno daquilo a que chamaríamos o rigor pedagógico-didáctico de São Tomás, presente em todo o Comentário: por um lado, esforça-se por ser fiel a Aristóteles, e procura expô-lo rigorosamente; por outro, quando dele diverge (o que em matéria de Justiça é coisa que quase não vimos), di-lo claramente. Ora uma das grandes virtudes do Mestre é a de saber distinguir o que é seu do que é alheio, não fazer passar como seu o que é dos outros, e não querer fazer passar como sendo de lavra alheia o que é de sua.

Estas ideias, que hoje ganham força, não estiveram claras nas dúvidas surgidas entre os estudiosos a propósito do valor exegético ou doutrinal (mais aristotélico, no primeiro caso, ou mais tomista, no segundo) deste texto. E decerto por essa razão o uso que deste comentário foi feito no estudo da Moral de São Tomás foi escassíssimo. Até aqui se pode ver um *fumus* de um lei de bronze da pedagogia: os que *ensinam depois* (mesmo não sendo simples epígonos) não conseguem facilmente utilizar os métodos e os materiais dos primeiros pedagogos. E, para mais, São Tomás laborava, no caso, para si mesmo... Cada método é o método de um docente, e talvez não haja pedagogias, mas apenas problemas, temas, estudantes e professores.

2. As grandes teses jusfilosóficas do Livro V à luz de Tomás de Aquino

a) *Exterioridade do Direito e Justiça como virtude da acção e não da paixão*

É absolutamente certo, mas adjuvante do entendimento de diferentes distinções já feitas, compreender, como assinala Santo Tomás logo no início do seu comentário (626), que enquanto as virtudes anteriormente tratadas na *Ética* eram morais, e portanto referidas às paixões, a virtude da justiça (que é intelectual) refere-se às acções. O carácter sobretudo não interior, mas exterior, da justiça, assinalado pelo Aquinatense, terá o maior interesse para um rigoroso estabelecimento do *suum cuique*, pela diligência honesta (mas não mais que isso) de um *bonus paterfamilias*. Esta ideia é também, certamente, um germe (ou já uma manifestação?) do laicismo da concepção de Direito de Santo Tomás.

Ao contrário do sucedido com as anteriores virtudes, a Justiça não está entre dois vícios (627), embora tenhamos pessoalmente *supra* avançado uma ousada proposta nesse sentido: mas que não queremos fazer passar como interpretação...

Além disso, o Doutor Universal considera que, embora a Justiça seja princípio de actos, foi dada a conhecer pela vontade, em que não há paixões. Conclui, assim (629) que "a vontade é o sujeito próprio da Justiça, que não se refere a paixões". De novo não podemos deixar de pensar no brocardo de Ulpianus: *constans et perpetua voluntas*. A Justiça não é uma paixão, e muito menos um apetite ou um rompante passageiro, é uma *constante e perpétua vontade*.

b) *Da Justiça e da injustiça*

Tomás, uma vez percorrido o caminho algo "inverso" (do negativo para o positivo) pelo filósofo, quase ao princípio do seu comentário, trata de clarificar e pôr em ordem (sistematizar) num sentido positivo, afirmativo. Assim, por exemplo, parece muito relevante que afirme (629): "(…) todos parecem querer dizer que a justiça é aquele hábito pelo qual no homem se provocam [ou se causam]:
- *Primeiro*, uma inclinação para os actos de justiça, segundo a qual dizemos que o homem é executor do justo.
- *Segundo*, a acção justa [ou operação justa, diram outros].
- *Terceiro*, que o homem queira fazer o justo [ou agir justamente]. O mesmo se há-de dizer da injustiça, que é um hábito pelo qual os homens são executores do injusto."

Nestes sentidos de justiça ainda parece ver-se pouco do objectivismo jurídico romano, embora Tomás fosse um bom conhecedor do Direito Romano. O segundo sentido é ainda a acção justa (ou é já a acção justa) e não a própria coisa justa (*ipsa res justa*). Porquê? Talvez porque ainda se está sobretudo a falar da justiça no sentido moral ou universal, não no sentido jurídico. O que parece corroborar-se pela definição, muito moral também, que se dá do injusto.

c) *Os três tipos de homem injusto*

O problema da tradução contextualizada desse tipo de injusto que é o *anisos* é superado com uma *concordia* (não explícita, mas efectiva). Assim, considera-se que ele é tanto o iníquo (que falta, por isso, à equidade), como o desigual. E Tomás explicita, retomando o rigor da lição aristotélica, que tal pessoa é a que quer menor parte nos males (634). Assim, a equidade é também uma questão de *suum cuique*, e a igualdade em causa não é pura identidade, mas, de novo, uma proporção.

Assim, na multiplicidade de pessoas injustas, sinal da multiplicidade de pessoas justas e de "justiças", temos três casos, como sabíamos, mas compreendemos agora melhor:

- o injusto *trangressor da lei* ou *ilegal* – ou seja, o *infractor*. A fórmula do aquinatense é muito mais próxima dos nossos usos linguísticos correntes. O comentário também sublinha ser o não cumprimento da lei uma forma de desigualdade (637);
- *o avaro*, que deseja possuir mais bens, ou mais nos ou dos bens – portanto o que pretende possuir mais do que o que é seu;
- o *iníquo* ou *desigual* – *anisos* – que quer ter menor parte nos males, deveres, obrigações que lhe devem caber – o que quer ter "menos" do que o que é seu, *hoc sensu*.

Note-se que o ter mais nos bens e o ter menos nos males do que o que é devido são dois exageros, encontrando-se a virtude num meio (embora um meio particular, atenta a duplicidade de bens e males): no *suum cuique*. Também o *gentleman* dá um pouquinho mais do que devia e pode receber um tudo-nada menos do que lhe é cabido, assim como o caritativo, o herói, o mártir têm com a justiça rigorosamente jurídica uma relação mais complexa. Mas não é este o lugar para o desenvolver.

Em todo o caso, sublinha também o comentário (636) que a expressão desigual engloba ambos os casos de querer mais e querer menos: mais dos bens e menos dos males. Com o que podemos nós concluir que as injustiças afinal são de dois tipos: a do tipo da infracção legal (que tem como critério a desconformidade com a lei ou a ordem jurídica em geral) e a infracção à igualdade, no fundo ao *suum cuique*, mas agora visto numa perspectiva não estritamente legal. Esta dualidade vai de algum modo ter uma nova afloração na distinção subsequente entre a justiça e a equidade.

d) *O legal é apenas "de algum modo" justo*

Santo Tomás esclarece-nos melhor sobre o que poderia parecer um excessivo legalismo de Aristóteles. De facto, o justo legal (o que se estabelece pela lei positiva, e incumbe aos legisladores – como precisa o comentário, para não restarem dúvidas – 638, *in fine*) não se pode identificar com o justo em sentido absoluto. O que está em conformidade com a lei é apenas "de alguma forma justo" (638).

Tendo presente a *Política* do Estagirita (III, 9 /1280 a 7 ss.), esclarece Tomás que, como toda a lei se refere a uma específica comunidade política, numas comunidades o justo só de alguma forma se manifesta. Com efeito, nesse passo, Aristóteles relaciona a justiça com formas de governo, designadamente o democrático e o oligárquico, nos quais, evidentemente, se considera haver justiça, mas de modo diverso.

Santo Tomás toma da *Política* apenas o exemplo democrático, em que os cidadãos são iguais segundo a liberdade, donde a justiça democrática, para o aquinatense, é apenas justa de uma certa forma...

Acrescenta mais adiante que a feitura das leis atende sempre ao que é mais útil para a parte principal da comunidade política em causa.

e) *Conteúdo da lei: impor virtudes e proscrever vícios. Lei recta e lei tonta*

Sem ilusões, e sabendo que a lei pode servir poderosos, reis, tiranos, ou oligarquias (639), todavia considera Tomás o seu conteúdo. Com as categorias da época, centradas sobre as virtudes (e não, como sucedeu depois, sobre direitos e deveres, interesses, valores...), a lei é assim apresentada como impondo virtudes (fortaleza, temperança, etc.) e proibindo vícios.

Pode parecer que esta perspectiva colide com a autonomização do jurídico. Mas atentemos a que essa apenas impõe o *non omne quod licet honestum est*. Nesse sentido, muito do permitido tem de ser honesto, e nada do permitido pode ser de tal forma desonesto que seja prescrita a desonestidade. Seria difícil não fundar eticamente o Direito, e não o fundar, ao tempo, nas virtudes.

Com este esteio, Tomás de Aquino passa à divisão entre a lei recta (ou justa?) e a lei *apostomasmenos* – ou lei sem ciência, sem previsão (640). No fundo, uma lei injusta... Mas como lhe falta previsão e ciência, mais que tudo, preferimos chamar-lhe para nós – com a liberdade de quem chama algo privadamente – apenas *lei tonta*.

d) *Justiça e virtude*

Continuando a chamar-lhe virtude (já sabemos que este é o molde ou paradigma ético e ético-jurídico em que tudo então gira), o comentador, depois de ter seguido Aristóteles no panegírico da Justiça legal enquanto justiça universal e virtude das virtudes, citando o inevitável Teógnis de Megara sobre o brilho inexcedível da Justiça, e de considerar que, pelo seu carácter de alteridade, é a mais completa das virtudes, que às demais compreende (641-643), distingue, apesar de tudo, virtude de justiça legal. São a mesma coisa, segundo a substância, mas diferem segundo a sua razão própria – dirigindo-se precisamente a justiça ao outro, e a virtude correspondente identifica-se com o hábito pessoal que se manifesta nesse projectar-se sobre o outro ou os outros.

e) *A Justiça particular*

Tendo sido a justiça geral (aqui sobretudo dita legal) apresentada como súmula de virtudes, o facto de existirem acções injustas que não atingem todas as virtudes parece significar, na lógica do sistema, que também haverá uma justiça que não se espraie por todas elas (647).

E de entre os vícios que podem constituir injustiça uns parecem mais rigorosamente atentados ao justo que outros: assim – o exemplo é já de Aristóteles – sobretudo quando um adultério é cometido com fim do lucro material parece mais claramente injusto em sentido particular (ou estrito) que quando, pelo contrário, seja cometido com intuito luxurioso, e até com perda material. Neste último caso, trata-se de uma injustiça mais de ordem moral (648).

Além disso, comparando as virtudes com formas de injustiça, vê-se que, de todas, uma há que não é nem cobardia, nem luxúria, nem ira, nem se reconduz a qualquer outro vício particular, antes configura uma injustiça autónoma e particular, como quando alguém lucra sem justificação, roubando o que é dos outros (649). (E todavia – pensamos nós – não será este um caso ou sinal de avareza, no sentido referido, ou de cobiça?)

Comparando a justiça particular com a dita legal, comungando ambas da alteridade, a primeira relaciona-se com as pessoas privadas e a segunda com o bem comum (650). Aqui Santo Tomás parece procurar concatenar justiça política e justiça privada, mas temos dúvidas que a relação tão profunda da moral (v. 651) e da virtude com a justiça mais lata ajude a uma construção juspublicística com utilidade: não só no nosso tempo, como até no seu.

f) *Justiça e Política*

Sublinha o Anjo das Escolas uma dúvida suscitada por Aristóteles. Na verdade, o legal comanda o homem segundo uma disciplina que deve visar o bem comum, e há entretanto uma outra disciplina que se dirige mais particularmente à virtude de cada um. Sendo esta matéria da *Política*, Tomás recorda a lição (1276 b 16 – 1277 b 32) segundo a qual varia de comunidade para comunidade política a relação entre ser-se virtuoso, bom em si mesmo, e ser-se bom cidadão. Todavia, na melhor sociedade política coincidem de algum modo virtude e cidadania.

Entra depois o Aquinatense no comentário ao carácter distributivo e comutativo da justiça particular, bem como na análise da justiça cumutativa em voluntária e involuntária (658 ss.). Esta matéria prepara a ideia de que a proporcionalidade é inerente ao justo, que é um meio segundo certa proporção (663). Recusando a ideia de reciprocidade dos pitagóricos, a que chamamos lei de talião – *olho por olho, dente por dente* –, Aristóteles prossegue argumentando e exemplificando, até determinar a operação justa como um meio entre cometer injúria (injustiça) e sofrê-la (703 ss.).

Mas o que mais importa no domínio da ligação entre Justiça e Política é a chamada de atenção para o facto de ser necessário apartar o justo em sentido cabal, entre iguais, numa comunidade política, que é o justo político, de outras formas (de algum modo imperfeitas de justiça), como a relação entre senhores e servos (justo de domínio ou dominação), ou entre pais e filhos (justo paternal), marido e mulher (justo doméstico), este último, apesar de tudo, o mais próximo do político, mas dele diferindo como uma casa se distingue duma comunidade (712-722).

g) *Justo natural e Justo legal – direito natural e direito positivo*

Santo Tomás vai de seguida muito directo ao grande problema ontológico do Direito, resolvendo qualquer dúvida que um jurista pudesse ainda ter: identifica imediatamente e de forma expressa a divisão feita pelo filósofo entre *justo natural* e *justo legal* (as duas modalidades em que se desdobra o *justo político*) com a divisão dos juristas entre *direito natural* e *direito positivo*. Apartando eventuais problemas de palavras, e identificando o político com o civil (o da Pólis, no fundo), o Angélico insiste na equivalência das designações, explicando designadamente que os juristas chamam *Direito* ao que o filósofo chama *justo*. (Aliás, *Ius est quod iustum est...* Recordemos sempre...) E sobre tal invoca a autoridade de Santo Isidoro de Sevilha (*Etimologias*, V, 3, 1 – PL 82, 199).

Também se fazendo eco de um problema que passa pelo Digesto e por Santo Isidoro, Santo Tomás considera que os juristas (romanistas afinal) dividem o direito natural de Aristóteles em dois: o comum a homens e animais (a que restringem o conceito) e o que deriva de inclinação própria da natureza humana (a que chamam direito das gentes). Mas parece concordar mais com o Estagirita (724, *in fine*).

Depois recorda a lição de Aristóteles sobre as características do justo legal ou direito positivo:

- imperatividade depois da sua promulgação, mas indiferença antes dela;
- possibilidade de estabelecimento positivo de privilégios ou leis privadas, para certas pessoas – o que a nós choca um pouco por colidir com a generalidade e abstracção da lei, embora não deva-

 mos esquecer que nesta noção de direito positivo se engloba todo o direito, logo, também, actos não normativos.
- Inclusão das sentenças no domínio do direito positivo

h) *Teoria geral do direito natural e do direito positivo*

Chegamos pois ao um dos pontos mais significativos do comentário de Tomás. E como não podemos tratar de tudo – e a paciência do amável leitor tem limites – vamos terminar com esta questão associada à da equidade.

Tomás invoca a autoridade de Cícero, na *Retórica* (*De invent.* II, 2, 65) para afirmar que todo o direito positivo (justo legal) deriva do direito natural. O que pode ocorrer de duas formas:

- como uma *conclusão* a partir dos princípios: se se não deve causar injustamente dano (direito natural), também não se deve roubar (direito positivo).
- como uma *determinação:* se o roubo deve castigar-se (como é de direito natural), a concreta determinação de como deve ser a pena deve incumbir ao direito positivo.

Tomás reconhece que pode haver pureza ou erro na passagem do direito natural ao positivo.

Mais concretamente ainda, os decretos e as sentenças justas são fruto da (correcta) aplicação do justo legal aos casos particulares, estabelecendo-se assim uma cadeia de causação e hierarquia a nossos olhos kelsenianos: direito natural -> direito positivo -> decretos e sentenças (725).

O comentário recorda ainda um passo decisivo, motivado ao filósofo do Liceu pela posição monista positivista dos cirenaicos, discípulos de Aristipo. Se é verdade que o fogo tanto arde na Grécia como na Pérsia, a verdade também é que há coisas em nós naturais, como ter dois pés, e outras coisas em nós não naturais (culturais ou positivas…) como estar vestido com uma túnica. Aristóteles e Tomás de Aquino estão de acordo sobre um ponto que chocará quer adversários do jusnaturalismo (doutrina do direito natural) quer alguns dos seus seguidores: é que há coisas que na natureza permanecem e coisas que mudam (727).

Aristóteles estende ao justo natural o que vê para a natureza humana em geral. É normal, é natural que sejamos dextros, mas podemos ser ambidextros. Assim também o justo natural inclina a uma normalidade, como a de devolver os depósitos aos depositantes, mas tem excepções, como nos citados exemplos do que deseja custear uma sedição, traindo a pátria, ou daquele que enlouquece e vem pedir de volta a sua espada. Trata-se, uma vez mais, da clara e evidente filosofia do bom senso. E por isso mesmo se adverte que esta mutabilidade, que os dissolventes, os cépticos, os cínicos, os relativistas, os nihilistas, tanto nos exibem em face, não é uma mutabilidade senão acidental. Pois as próprias razões da mutabilidade não mudam – aqui Camões não tem razão: pois quando afirma:

> *"E, afora este mudar-se cada dia,*
> *Outra mudança faz de mor espanto:*
> *Que não se muda já como soía."*

Parece que não. Podemos não conhecer todas as razões da mudança, e por isso nos parecer que se muda de forma diferente. Mas Tomás pensa que as razões da mudança são permanentes. Assim, o que pertence à razão da justiça não pode variar de forma alguma: nunca roubar pode deixar de ser um acto injusto, afirma (728, *in fine*).

Em contrapartida, o justo positivo é mutável (730). E a razão que dá Santo Tomás poderia satisfazer um certo pluralismo actual – estando contudo na verdade: se há diferentes formas de punir o roubo é que, diz o nosso autor, há diferenças de vida cultural e política de uns lugares para os outros (730). Isto não é ser relativista, é ser objectivo.

j) *Justiça e Equidade*

Depois de continuar a comentar nova indagação de Aristóteles sobre o justo e quem comete injustiça, e antes que se embrenhe por algumas aporias da justiça, Santo Tomás trata da equidade. De uma forma também muito útil para a interpretação jurídica, após considerar, seguindo o comentado, não haver nem completa identidade nem contradição entre equidade e justiça, explica que o equitativo é melhor que o justo legal e afirma (o que é importantíssimo) que se enquadra no justo natural (773).

A equidade é parte da própria justiça, do próprio direito. É uma espécie de erupção do natural aquando da aplicação do positivo – seríamos tentados a afirmar. A formulação de Tomás é a da direcção e regulação do direito positivo, necessárias pela generalidade das leis, que necessitam de adaptação – a qual vem pela equidade. E retoma Tomás, explicitando-o, o exemplo da régua da Ilha de Lesbos, onde as pedras são duras e não toleram o ferro, mas já se afeiçoam a uma régua de chumbo, que se lhes adapta. Recorda ainda que o equitativo é brando, e apenas aplica a pena para conter a falta (779). Mas a pena *suficiente* para isso – notemos.

I. III. Conclusão

Aristóteles termina concluindo que não se pode ser injusto para consigo próprio, num sentido metafórico (1138 a 4 – 1138b14), e é disso que trata depois Santo Tomás.

Apenas duas palavras mais, em jeito de sumário e conclusão.

Só para sublinhar que realmente o Aquinate segue muito de perto o seu comentado, mas introduz-lhe, neste nosso caso do livro V, algumas coisas de sua lavra:

– introduz-lhe uma *ordem*, uma organização, que de modo nenhum é grega clássica; é a regra escolástica, que ajuda muito, mas que às vezes também é excessiva. Veja-se, por exemplo, os sumários iniciais a cada capítulo, que procuram tornar completamente lógicos os argumentos do Estagirita;

– acrescenta-lhe uma *moralização*, no sistema de pensamento do cristianismo, procurando de algum modo traduzir as virtudes helénicas para virtudes cristãs, e enfatizando as conexões das virtudes.

– Todavia, e deve sublinhar-se este aspecto, Santo Tomás, que ainda não deu o golpe de misericórdia no chamado augustinismo político-jurídico (o que fará apenas com a IIa IIæ da *Summa Theologiæ*), abre porém muitas portas para uma autonomização do jurídico e uma sua depuração face ao confessionalismo ou simples moralismo do Direito – sem todavia esquecer que o Direito tem imperativos éticos de que não pode prescindir.

– Mas o que é mais notável, e vai nesta linha, é que Tomás de Aquino já lê Aristóteles como que seguindo a lição deste – passando ainda mais abertamente que o Estagirita para a justiça particular, para a justiça jurídica. E num tempo, como o seu, em que o legado aristotélico já havia desabrochado, e depois murchado, vai recuperá-lo e devolvê-lo ao Filósofo. Conhecedor dos melhores frutos do Direito Romano, que aliás se nutrira filosoficamente de Aristóteles, vai lê-lo à luz desses mesmos frutos. E por isso com desenvoltura nos fala de direito natural e positivo, localiza a equidade sem vacilações, e nos explica com exemplos jurídicos grande parte dos temas em questão. Se o Livro V da *Ética a Nicómaco* poderia ser já, pela sua distância temporal e pela incerteza semântica decorrente do literatismo das traduções, um texto de algum modo opaco, Tomás de Aquino, falando uma linguagem de rigor, explicando com paciência ao longo de muitas páginas, e usando um vocabulário e exemplos mais familiares, torna-o muito mais acessível, desvenda-no-lo.

– E é também por tudo isto que o nosso diálogo prévio com Aristóteles, pretensamente sem passar por Tomás, já por ele na verdade passava: pois dele estava já de algum modo impregnado o saber de segunda e terceira mão que se condensou no comentário pretensamente directo do Estagirita.

Grave problema o do conferencista de hoje – e problema aporético – com que, *Deo Gratias*, finalizo: é que se fui bom pedagogo, corro o risco de não vos ter suscitado necessidade de ler os originais de um e outro autores. Se fui mau, corro o mesmo risco. Donde concluo, como gosto de fazer, que a pedagogia é, realmente, impossível.

Parte III

PROBLEMAS DO DIREITO NATURAL

CAPÍTULO I
Do Direito ao Direito Natural[3]

Falar em Direito Natural é, ao contrário do que possa pensar-se, não falar em direito puro, em direito ideal, mas falar, antes de tudo o mais, em Direito, em Direito *tout court*. Será impossível compreender a questão do Direito Natural se não se compreender a questão do Direito em geral.

Mas acontece que poucos, mesmo de entre os especialistas, mesmo de entre os juristas, realmente sabem o que é o Direito. E os que se põem esse problema muitas vezes não problematizam, mas limitam-se a recitar definições decoradas.

O caso mais agudo é o dos positivistas legalistas (e há muitos que o são sem sequer o saberem). Para os positivistas legalistas, o Direito não é mais que um conjunto de regras e/ou normas (cremos que as expressões são sinónimas) estaduais, coercivas e visando um fim eudemónico qualquer, como a paz, a segurança, ou a organização social.

Ora esta definição é completamente errónea (por desajustada) se olharmos simplesmente para a realidade:

a) há Direito que não é regra ou norma (o direito con-

---

[3] Neste primeiro ponto retomamos, na nossa exposição oral e sem tópicos, em geral, ainda que *mutatis mutandis*, a nossa exposição respectiva de *O Ponto de Arquimedes*, Coimbra, Almedina, 2001. Uma exposição-diálogo com essa exposição oral pode colher-se *in* ERIK F. GRAMSTRUP, *Alguns Pontos Luminosos*, in "Videtur", n.º 14, São Paulo/Porto, 2002 – http://www.hottopos.com/videtur14/erik.htm

suetudinário, o direito contratual, o direito jurisprudencial, o direito doutrinal, etc.).

b) há Direito que não é estadual (o direito dos corpos intermédios, das autarquias locais, das regiões; o direito dos organismos inter-estaduais, internacionais, da União Europeia, etc.)

c) há Direito que não é coactivo (quer em casos de direito tradicional, quer no caso do Direito Internacional Público clássico, que se mantém em muitos aspectos ainda hoje, apesar de todas as declarações e mecanismos de tutela inter-nacional).

d) A regulamentação e organização sociais, a paz e a segurança podem, finalmente, ser levadas a cabo através de múltiplas formas que não são, rigorosamente, jurídicas, nem é necessário que o sejam sempre. Ordens sociais normativas hoje muito olvidadas mas até de grande valor adjuvante para o Direito (se virmos as coisas apenas da perspectiva deste) são a religião, a moral, as normas de trato social, a etiqueta, etc..

Todavia, apesar de todas as deficiências da definição, que sumariamente acabamos de expor, os positivistas não se preocupam muito com a imperfeição da sua visão do Direito. Para eles, o importante é a prática, uma prática de total dependência dos textos das leis. Em boa verdade, a definição acaba por ser mais um elemento decorativo no positivismo, ou melhor: decorativo e de afirmação do poder. Não fora a regra do método positivista geral (supra- e extra-jurídico) ter gravado nas mentes a exigência científica do procedimento definitório prévio, e não fora a conveniência da definição, uma definição deste tipo (evocadora do poder e da força), estamos em crer que o positivismo poderia passar bem sem qualquer definição de Direito. Pelo menos, o choque entre o real e a definição nunca o sobressaltou, e dorme descansado sobre ela.

Do Direito ao Direito Natural

Pouco lhes importa a teoria. Há curiosamente, hoje, muitos positivistas que professam exteriormente um credo pós-moderno, normalmente sociologista (mas dito sociológico apenas), ou até mesmo jusnaturalista ou, pelo menos, assumidamente não-legalista e não-positivista. É já proverbial a situação dos professores que professam o credo jusnaturalista até às férias do Natal (começando as aulas aí em Outubro ou Novembro), e depois se devotam à exegese pura e dura da lei positiva. Disse-se, com razão, que o positivismo é a filosofia espontânea dos juristas.

E contudo há ainda, sempre houve, os que não aceitam que as Antígonas de todos os tempos sejam mandadas matar pelo «crime» de dar sepultura a um irmão. Para o ditador Creonte, este condenado *post mortem* não passa de um traidor. Mas, visto com o olhar não contaminado pelo poder de um uma pessoa normal, ele nem por isso deixa de ser uma Pessoa também. Em consequência, os decretos do novo rei de Tebas, impedindo o funeral e cominando a pena de morte para quem ao traidor desse sepultura, são verdadeiramente leis injustas (ou actos do poder injustos, mais propriamente, dado o seu carácter não geral nem abstracto). E *lex iniusta non est lex*, a lei injusta não é lei, como afirmou, justissimamente, Tomás de Aquino.

Vejamos agora o problema por um outro ângulo. Os que recusam a omnipotência da lei e das decisões dos detentores do poder constituem a outra família de juristas.

Muitos de entre eles se dizem jusnaturalistas ou, mais simplesmente, defensores do Direito Natural, outros falam da natureza das coisas, outros de princípio normativo, ou de justiça, outros ainda em direito vital, etc.. Mas existe um elo comum entre todos: nenhum aceita que a decisão política que cria a lei seja a única fonte do Direito, além de que tal norma não pode contrariar uma dada ordem superior (variando entre si que ordem seja essa: ordem natural, vital, natureza das coisas, justiça, etc…). Existindo uma essencial oposição entre o direito positivo e alguns padrões extra-positivos, estes juristas negam-se, em geral, a conceder à norma em causa o reconhecimento de plena juridicidade.

Evidentemente, não se deve pensar que se trata de um perigoso e subversivo grupo de anarquistas. Pelo contrário, estamos perante gente ponderada e razoável, que luta, no seu posto de juristas, contra a anarquia e a barbárie que é o arbítrio dos que, detendo o poder de fazer normas, de as aplicar, de julgar com base nelas, todavia o fazem mal: erroneamente e de forma torta, em prol dos seus interesses ou dos interesses dos seus, ou dos seus preconceitos. E o sentido de responsabilidade dos jusnaturalistas é tal que admitem frequentemente a obediência à norma ou à decisão injusta se os males derivados de tal acatamento se revelarem plausivelmente menos graves que os decorrentes de uma alternativa atitude de desobediência.

De tempos a tempos, essa prudência e submissão ao Bem Comum com prejuízo da justiça no caso concreto (que pode ser bem geral, se se tratar de uma lei injusta) é criticada como constituindo uma pura cobardia. Muitas vezes, sem razão; algumas com ela.

Se a definição é um tipo de paradigma próprio dos positivistas, os seus opositores, a que chamaremos ainda, sem rigor e por sinédoque, comodidade e tradição histórica, jusnaturalistas, desconfiam normalmente da camisa de forças das definições (definir é sempre pôr um fim a alguma coisa, limitar algo).

O Digesto di-lo claramente, de resto: a definição de tudo em Direito (civil) é perigosa, porque é susceptível de subversão.

Há uma boa e velha passagem de Ulpiano, célebre jurista romano, sábio e mártir da Justiça, que funciona algumas vezes, no seio desta teoria jusnaturalista, como um horizonte de explicitação do Direito. Porque os jusnaturalistas, e sobretudo aqueles que, de entre eles, se reclamam do realismo clássico (que não devemos confundir com os jusnaturalistas das Luzes que falam também de um direito natural, todavia contaminado já de boa parte de positivismo, como detectou Michel Villey), continuam muito ligados às fontes primeiras da arte jurídica: o pensamento e a acção dos romanos.

Diz Ulpiano no Digesto, I, 1, 10 (ou no 1 reg., ou Inst. I, 1, pr. e 3, 1):

«A Justiça é a vontade constante e perpétua de atribuir a cada um o seu. Os preceitos do Direito são os seguintes: viver honestamente, não prejudicar ninguém, atribuir a cada um o que é seu. A Jurisprudência é o conhecimento das coisas divinas e humanas, o conhecimento do justo e do injusto.»

O espírito sintético dos romanos oferece-nos neste trecho um tesouro abundante de sugestões para uma tópica sobre o que é o projecto cultural e espiritual do Direito, tal como foi criado pelos romanos (o procedimento genético conhecido por *ius redigere in artem*), bebendo na filosofia grega, sobretudo aristotélica, e depois do trabalho de sociologia axiologizada, ou seja, do trabalho, levado a cabo pelos primeiros juristas, de decantar dos comportamentos sociais em uso aqueles que poderiam ser considerados o mínimo denominador comum de civilidade ética, e assim aptos a passarem, estilizados, para o domínio do juridicamente imposto.

O universo do Direito é encarado de uma forma tripartida:

a) O Direito é visto como manifestação da Justiça, que é seu objectivo constante e perpétuo, seu princípio e seu fim;

b) O Direito é encarado em si mesmo (arte prática do Direito), na sua dimensão normativa, cujo preceito mais importante (o terceiro preceito jurídico, que segundo o uso retórico romano define a diferença específica do objecto em análise) é precisamente o objecto da vontade de justiça, ou seja, a atribuição do seu a seu dono;

c) O Direito é considerado como Jurisprudência (com maiúscula) ou Ciência (*episteme*) jurídica, que pressupõe conhecimentos muito vastos (mesmo de coisas ditas divinas, mas certamente de muitas muitas coisas humanas: e não apenas consideradas propriamente jurídicas) para poder correctamente avaliar o que é justo e o que é injusto.

A primeira frase citada revela-nos igualmente os tópicos essenciais de um Direito justo:

a) A Justiça (*Iustitia*), que é um fim sempre inatingido, e consequentemente sempre objecto de uma demanda constante e perpétua, a que se chama, pela sua força, pelo seu dinamismo, e por vir de dentro, do ânimo dos Homens justos, vontade (*voluntas*);

b) O seu (*suum*) que é a coisa em disputa na lide jurídica. Não há Direito sem um objecto do litígio. O seu é a coisa (*lato sensu*) que pertence a uma pessoa...

c) E a Pessoa (porque o *suum cuique*, o seu de cada um, implica evidentemente a existência de uma pessoa concreta que seja o titular da coisa disputada) faz-nos pensar na máscara grega, na *Persona*, com a qual o homem isolado, o indivíduo, se torna ser social, e age socialmente. A pessoa tem conseguido, com o passar dos séculos, agregar a si a dignidade que sempre foi sua, mas nem sempre lhe foi devidamente reconhecida. Os direitos, designadamente os direitos subjectivos, hoje relativamente banal atributo de qualquer um, não se encontravam explicitamente previstos na concepção romana, mas não se pode dizer que a contradigam. Pelo contrário, desenvolvem eles num sentido humanista a criação epistemológica do Direito em Roma.

A esta tríade *suum*, *Persona* e *Iustitia*, que é, afinal, a tópica ontológica do Direito, se junta uma outra tópica, mais de índole fenomenológica. Na verdade, não podemos olimpicamente quedar-nos pela noção rigorosa de Direito, mas ir um pouco (muito, na verdade) mais além. E para detectarmos onde há direito haveremos de perseguir os fumos do Direito, ou "disso a que chamam direito": o que tem já pouquíssimo a ver com a necessária correspondência do Direito positivo com o Direito Natural, entendamo-nos.

E o que é isso a que chamam Direito? É uma realidade fenoménica, que está aí, muito independente, na verdade, de valores, de virtudes, até de princípios axiológicos, e que se detecta por algumas formas mais subtis e formalizadas de poder e de força, por execuções, carrascos, prisões, guilhotinas, papeladas, confirmações, selos, atestações, notários, oficiais de diligências, juizes, advogados, conservadores de registo, arquivos, relatórios, actas, certidões, alvarás, diplomas, leis, decretos e afins, polícia, togas, becas, cabeleiras, martelos, e o *pathos* de todos esses rituais.

Para um Direito que se contente com o fenoménico, com esta tópica indiciária que referimos (ou algo análogo), o Direito Natural, é uma hipótese dispensável, quando não uma quimera incómoda ou um ópio dos juristas. Para os que, para além e por detrás ou por baixo ou por cima dessa simples existência vegetativa da juridicidade, almejem um sentido, descubram valores, virtudes, princípios, e se preocupem com o conteúdo de justiça, então haverá que perguntar pelo Direito Natural.

CAPÍTULO II
Do Problema Científico do Direito Natural

Num tempo de produtos naturais, de atitudes naturais, de Natureza, naturismo, naturalismo, falar em Direito Natural, paradoxalmente não parece fazer muito sentido.

Por um lado, é expressão que fora de círculos jurídicos – e certos círculos jurídicos – não parece encontrar qualquer eco, por inexistir qualquer uso.

Por outro lado, parece ter algum sabor a contradição nos próprios termos (*contraditio in terminis*): afinal, como pode ser o Direito, que passa pela mais artificial (e artificiosa) das ciências, ou, pelo menos, uma das artes mais culturais, como pode o Direito combinar com a Natureza? Conúbio bastardo, união contranatura.

Não vai há muito, na preparação mediática de um colóquio sobre Direito Natural precisamente, alguém muito bem intencionado nos perguntou, fazendo já um esforço de desvendamento, se se trataria de um seminário de direito da natureza, ou seja, de direito ambiental ou ecológico. Confesso que lamentei ter de desiludir um tão honesto esforço.

Não. Realmente o Direito Natural não é nem campestre nem ecológico, nem verde, nem informal, nem espontâneo, e como não terá corpo físico, não pratica naturismo – que eu saiba.

Mas precisamente com tamanha imaterialidade ou, melhor se diria, incorporalidade, o Direito Natural arrisca-se a ser um fantasma. E, como já não se acredita em fantasmas, pode bem ser que o espectro do Direito Natural se desvaneça nos ares como pura fumaça.

Como vamos então cientificamente resgatar o Direito Natural da sua ameaçante inexistência, ou, realmente, como o vamos tornar aparente aos cegos?

O maior adversário de uma teoria – já o viu, em sede geral, o filósofo das ciências Thomas Kuhn e no Direito viu-o o jusfilósofo e penalista Hassamer – não é a antítese ou a contradição dessa teoria. É o manto de esquecimento que sobre ela paira

Ora com o Direito Natural ocorre precisamente esse fenómeno: o jusnaturalismo não foi refutado triunfantemente nem pelo juspositivismo nem por qualquer mescla filosófico-sociológico-politicamente-correcta. Foi banido conjuntamente com a Filosofia do Direito por decreto pelo poder positivista, e, quando a Filosofia do Direito se viu reinstaurada, já os problemas pareciam ser outros – e assim o Direito Natural se quedou esquecido.

Significativamente, apenas subculturas ou "nichos de mercado" se mantiveram: por um lado, certos sectores mais apegados ao ser e à verdade que às aparências e às conveniências não consideraram nunca que tivesse desaparecido simplesmente por haver passado de moda; e, por outro lado, alguma preocupação, digamos "historiográfica", não ignorou o jusracionalismo. Aliás, esta corrente, na verdade mais exógena à especificidade do Direito, e por isso menos comprometida com o fazer efectivamente Justiça, acabaria por ser responsável por uma deformação na ideia que sobre o Direito Natural vem a ter toda uma élite filosófica, literária e afim – que confunde Direito Natural com a doutrina racionalista e abstracta (com alta percentagem de positivismo já, como sublinharia Michel Villey – já o dissemos) posta em voga pelo Iluminismo.

Mas não nos esqueçamos: o Direito Natural foi verdadeiramente abatido pelo esquecimento, não pela refutação. E assim continua a sê-lo.

Quando do seu sono esboça acordar essa princesa jusnaturalista, logo se eriçam em seu redor espinhos de plantas dormideiras, que a convidam a novo sono — quiçá ao derradeiro e letal.

De guarda ao redespertar do Direito Natural está sobretudo o preconceito, que mora no *je-ne-sais-quoi* de um acordo sem consciência entre todos os que pretendem estar *à la page*, ou "in".

Explicando: compreendemos e saudamos (embora não concordemos) os que, por fé na lei ou na política, advoguem sem complexos o *dura lex sed lex*; entendemos os que, mais subtis decerto, falam em "superação" do positivismo e concomitantemente do jusnaturalismo; consideramo-nos até em fundamental acordo quanto ao essencial com os que preferem teorias de Justiça, da natureza das coisas, ou afins, como métodos novos para o mesmo problema.

Mas todas essas posições não anulam a essencial aporia do Direito Natural. O que desertifica o nosso universo, o que o apaga do mundo, é uma arma mortífera que não tem defesa, um veneno que não conhece antídoto. E essa oposição é fatal, e tanto mais fatal quanto o número de opositores aumenta e se reproduz.

Mas então, sejamos claros: Qual é o argumento decisivo contra o Direito Natural? Qual é a irrespondível questão que o embaraça? Qual é o pacto que lhe tolhe os movimentos? Qual é a ciência que lhe desmascara os erros?

Não é argumento, nem questão, nem facto, nem ciência. É um esgar. É o sorrisinho petulante e trocista que repete ou quase nem repete: "Direito Natural". E dito com uma entoação que não deixa dúvidas de duas coisas: da imensa, da incomensurável ciência de quem o profere, e da nesciência abissal, muito *abaixo de cão*, de quem "ainda" (e carreguemos nesta *ainda*) vai nesses contos de fadas, nessas canções de embalar.

Perante o sorrisinho assassino de ideias, e que se transmite mimeticamente entre os confrades da congregação dos que querem ser sérios, respeitados, importantes juristas — que pode um honesto jusnaturalista exprimir? Pobre funda a do Ulisses do Direito Natural face ao Golias de um só olho de um Direito apenas positivo.

O que venho propor-vos é um tiro certeiro. Só com pontaria se acerta no coro suficiente dos que primeiro ignoram o Direito Natural, e depois lhe objectam nada mais que um sorriso – pois mais que isso parece nem sequer ele merecer.

Sejamos claros. Sejamos sinceros: o Direito Natural não se

pode provar. Em vão o bisturi do filósofo do Direito procurará no cadáver da juridicidade essa alma que lhe dava alento – a legitimidade. Mas se o cirurgião positivista também não vê espírito, quererá dizer que o homem é apenas mais ou menos 90% de água e aproximadamente 10% de outra matéria?

O sorrisinho rejubila: vês? – parece dizer. Vês como isso é uma fé, melhor: uma crença? Mais: uma crendice?!

Voltamos à carga com as únicas armas que temos – que são introspecção, sinceridade, recta intenção, tenaz busca da verdade, na qual acreditamos, embora não nos proclamemos seus donos ou arúspices. Voltamos à carga, como Sísifo que de novo mete pés ao caminho da mesma montanha:

Concedemos que, cientificamente, na perspectiva daquela ciência que só vê o que está à frente dos olhos e elegeu São Tomé como seu patrono, na visão apenas do visível desta ciência, o Direito Natural, enquanto essência, não pode captar-se. É como se não existisse.

Se o Direito Positivo se manifesta em plúrimas fontes normogenéticas, em diversísssimas facetas fenoménicas, é ao invés óbvio que apenas por interpretação, dedução, decantação, generalização … (ou adivinhação – dirão outros) se chega ao Direito Natural.

Mas, como diria o *Principezinho* de Saint- Exupéry, o essencial é invisível para os olhos. E, se é verdade que não vemos autonomamente o Direito Natural a passear-se na nossas ágoras e nos nossos tribunais, nos parlamentos e nas repartições, o certo é que é de sua própria natureza não existir no mundo sensível da juridicidade prática a não ser precisamente pelo (através do) direito positivo. Ao contrário do que muitos julgam, o Direito Natural não é o arquétipo inteligível do Direito, a Ideia de Direito, ou *o Direito justo*, cuja transposição ou directa aplicação prática garantiria a felicidade. O Direito Natural é critério do Direito positivo e seu limite máximo ou mínimo – por isso pôde ser identificado já com um conjunto de "Princípios", que as normas "depois" positivariam, adaptando a base universal às particularidades do tempo e lugar. É uma forma algo simplista de ver o problema, retratando-o muito à imagem e semelhança do Direito positivo, mas pode valer como ponte de acesso ao problema. Primeira ponte, a substituir em tempo útil por novas passagens mais seguras, mais autênticas.

No plano científico, em conclusão, o Direito Natural não pode provar-se facilmente num tubo de ensaio. Na verdade, a melhor forma de chegar ao Direito Natural é por sindérese ou pelo conhecimento conatural ou por inclinação[4]. Que não são propriamente formas empíricas ou experimentais no sentido moderno e racionalista.

Mas, ainda assim, ele não é alheio ao mundo real, e nele se desenham manifestações suas. Por exemplo, como observava Truyol Serra, há uma sociologia do Direito Natural – porquanto é inegável que um número apreciável de juristas e não juristas, ao longo dos tempos e em muitos lugares diferentes, a ele se referiu, ou, se preferirmos, "nele acreditou". É verdade que a Sociologia de uma religião não faz essa religião verdadeira. A Sociologia do Direito Natural não o faz existente. Mas daí podemos dar um salto mental, que aliás nos recorda Umberto Eco. A revolução epistémica é esta: Eco, como estarão lembrados os que por essas agruras académicas passaram, admite uma tese sobre unicórnios, embora se trate de animais inexistentes, mitológicos. Os professores de Direito Natural e os jusnaturalistas são por vezes tratados um pouco como eruditos que se ocupassem apenas das sereias ou das musas do Direito. Mas detenhamo-nos: se é inegável que esses seres fantásticos são património da cultura e, assim, merecem estudo adequado, como recusar ao Direito Natural estatuto semelhante, como produto da imaginação humana, como aquisição cultural?

Ora aqui temos de ter muito cuidado: porque o próprio Direito dito sério, real, concreto, também não vive *motu proprio* nos cutelos

---

[4] Saíram, não há muito, dois trabalhos luminosos sobre estes problemas: uma selecção de textos de JACQUES MARITAIN, *Natural Law. Reflections on Theory and Practice*, edição e introdução de William Sweet, South Bend, Indiana, St. Augustine's Press, 2001, e um artigo na internet: MAURO DE MEDEIROS KELLER, *Notas para a compreensão do conceito de sindérese no pensamento aristotélico-tomista e suas principais implicações práticas* – http://www.hottopos.com/mirand11/mauro.htm

dos carrascos ou nos martelos dos juízes, ou nos *casse-têtes* dos polícias, ou sequer nos códigos e tratados dos juristas. Esse Direito Positivo dito real é uma criação cultural ao mesmo título que o Direito Natural. Nada na natureza inculca o Direito como facto, como ente autónomo. A mesma faculdade efabuladora, formalizadora, mitificadora que criou o Direito positivo criou também o Direito Natural.

Na verdade, estamos é perante duas criações antagónicas: depois do *mare magnum* da síncrese inicial, o cutelo histórico cortador do Nó Górdio cria o Direito, arrancando-o à religião, à moral, à política: é o chamado *ius redigere in artem*. Os Romanos, inspirados filosoficamente nos gregos, criam o Direito como arte autónoma, relativamente livre da álea fugaz da sorte política. E concebem-no com parte natural e parte positiva. Compreendendo que a aspiração humana à Justiça nunca se deixará enclausurar no papel das leis. E por isso é a Justiça (e o Direito que dela deriva e para ela quer tender) "constante e perpétua vontade de atribuir a cada um o que é seu" – *constans et perpetua voluntas ius suum cuique tribuendi*. Daí que o Direito Natural seja o grande inspirador e o grande julgador do Direito positivo.

Esta, em termos simples, a teoria original que fundou o Direito.

Quando os poderes querem colocar o poderoso instrumento do Direito à mercê dos seus caprichos ou dos seus sonhos demiúrgicos, quando a desesperança dos homens em qualquer transcendente os leva a serem Tomés do pedestre "ver para crer", quando a soberba do cientismo recusa o que não se encerra (porque, por definição, é imaterial) nas suas redes de malha afinal tão larga, é natural que o Direito Natural não possa existir, por subversivo, por perturbador, por invisível.

E contudo ele move-se.

Perante a Inquisição dos poderes dos cépticos e dos cientistas, o Direito Natural não faz como Galileu, porque não tem a pele a salvar – afirma-se.

CAPÍTULO III
O Problema Pedagógico do Direito Natural

E a Pedagogia do Direito Natural é testemunha contra (contra?) a ciência negadora do Direito Natural.

Serei muito breve. A matéria não consente demasiadas palavras, e o que em geral penso sobre pedagogia nem sequer é exclusivo do Direito. Acredito, na verdade, muito mais no aprender que no ensinar.

Permitir-me-ia convocar apenas um par de recordações.

Quando, há anos, num 5.º ano da Faculdade, comecei a ensinar Direito Natural não sabia que reacção iria ter. Confesso que esperava alguma rejeição. Afinal, os estudantes finalistas querem coisas práticas, técnicas de inserção segura na vida activa… No limite, querem emprego. Fiquei por isso surpreso. Não só as classificações na matéria foram altíssimas como, mesmo sem o prémio da nota, numerosos estudantes se inscreveram para fazer trabalhos de investigação que eu definira como sem influência expressa na classificação.

A verdade é que o entusiasmo foi tão grande que, quando, depois de um interregno, voltei a preleccionar essa matéria, decerto já mais seguro do seu êxito, os estudantes brindaram-me com um presente: na última aula, puseram em cena uma peça de teatro em que re-criaram em tragédia dramática o *Crime e Castigo* de Dostoiewsky. Tenho pena que não possa ter havido mais representações desse trabalho absolutamente gratuito e fruto do entusiasmo e do empenhamento dos estudantes.

Não desejaria, porém, que ficasse a ideia de que fui pessoalmente o responsável por este êxito pedagógico. Aqui, como em muitas matérias – quase todas – a pedagogia não é auto-subsistente, mas decorre em larguíssima medida da natureza – e da apelatividade ou da importância – da matéria, da substância. Os professores não ensinam verdadeiramente, os estudantes é que estudam e aprendem – ou não. Mas isto não se pode dizer alto...

Claro que ensinar Direito Natural não pode ser debitar uma rima de apriorismos preconceituosos e dogmáticos. Mas torna-se um desafio interpelante quando se problematizam os quotidianos não--pensados, e se apela para a discussão dos valores.

Ensinar Direito Natural não é apenas conversar, discutir. Mas convidar a expor, treinar a argumentar, obrigar a pensar. E aprender também não pode ser conformar-se com opinião, ou consenso, ou encerrar com o dogma *magister dixit*.

Estudar Direito Natural, mais do que "ensinar Direito Natural", hoje, é uma grande aventura conjunta de demanda da verdade. E de verdade essencial, que tem em jogo a questão da justiça, ou seja, o destino afinal da vida, honra, fazenda e liberdade das Pessoas. Poderá haver, aparte a discussão dos fins últimos, questão mais interpelante para o Homem?

Depois de um curso que deve ser de rigor, mas em que a espe-ciosidade das soluções do *quid juris* não raro fazem esquecer os problemas da Justiça, do *quid jus*, e depois de uma reacção inicial de algum espanto – chamemos-lhe o "choque jusnatural" –, só tenho visto estudantes entusiasmados. Alguns atreveram-se a dizer: *Agora é que me reencontro com o Direito*. Ou então: *Agora é que percebo porque fiz bem em não desistir*. Ou ainda: *Agora é que estou a gostar. Finalmente estou a gostar*.

Ao debate, à polémica, à livre discussão e indagação sem pre-conceitos, fazendo do Direito Natural um método dialéctico e não um dogma, juntei o estudo dos clássicos. E assim, os estudantes de Direito passaram a ver filmes e a ler romances, contos, poemas e peças de teatro. Folclore pedagógico? Não. Muito pelo contrário. Apenas reencontro com as raízes. Juristas cultos, bons juristas. Não tenhamos ilusões de que o bom jurista é o tecnocrata que estudou muito e de tão embrenhado nos livros da sua especialidade não vê um palmo à frente do nariz... O Direito é jurisprudência, e a prudência é virtude que tem absoluta necessidade de conhecimento da vida e dos Homens: o que se obtém por experiência pessoal (indispensável) e pelo conhecimento da alheia – e que se colhe sobretudo nas grandes obras da humanidade, nos grandes livros da nossa grande conversa de séculos. E que só numa mínima parte são livros de direito positivo, ou sobre direito positivo, sempre tão mutável.

CAPÍTULO IV
Conclusão

É altura de terminar, sintetizando.

O Direito Natural tem um problema científico, o qual cabalmente se ultrapassa, afinal, pela compreensão dos limites da ciência; e mais: pela redescoberta do carácter problemático, tópico, retórico, dialéctico – artístico e não puramente "científico" – do Direito em geral.

O Direito Natural não tem um problema pedagógico verdadeiro, porque a pedagogia universitária do Direito vive não de umas *folies bergères* de didactismo folclórico, mas do fundo, da substância, da própria juridicidade. Por isso também é que os juristas não precisam de lições dos pedagogos. Temos muita pena, mas de Direito sabemos nós e não venham outros, não juristas, ensinar-nos a ensinar Direito se não souberem Direito e melhor que nós.

Também não duvido que haveria um problema pedagógico insuperável para o Direito Natural se este fosse ainda concebido, como no jusracionalismo, como um corpo de trunfos na manga anti-Direito positivo, ou como um conjunto de leis inscritas no céu dos conceitos a letras de oiro sobre tábuas de mármore. Essa fixidez, essa cristalização só podem funcionar contra o Direito Natural. Ainda hoje a tentação de fazer listas de elementos do que, positivamente, constitui o Direito Natural, acaba por lançá-lo na sua própria negação. A positivação do Direito Natural, ainda que em listas principiais tem de ser feita com grandes cuidados, porque, ao positivar-se, o natural torna-se perecível, contextual, e assim efectivamente deixa de ser Direito Natural para passar a ser Direito positivo, designadamente *sub specie* Princípios Gerais ou Fundamentais do Direito.

Ora hoje o Direito Natural, recuperando e renovando o velho legado clássico, é sobretudo uma preocupação pela Justiça e o ressurgir de um método para procurá-la.

E todos sentimos esse apelo. Numa excelente exposição das perspectivas do Direito Natural desde as origens a Tomás de Aquino, o jusfilósofo italiano Reginaldo Pizzorni sintetizou com apolínea clareza esta ideia simples. E a simplicidade é normalmente sinal de verdade:

> "Em geral, podemos afirmar que todos os homens, possuindo uma certa capacidade de discernir entre o bem e o mal, assim como entre o justo e o injusto, uma inclinação a fazer o bem e uma repugnância em fazer o mal, possuem ainda uma certa ideia do direito natural e dos direitos naturais do homem, como exigência da recta razão para a realização autêntica da pessoa, como lei constitutiva da pessoa, como uma certa ordem essencial, que se encontra intimamente ligada à natureza humana, ou melhor, à pessoa humana, e que vale, ou pelo menos deveria valer, de per si, independentemente da intervenção do legislador humano ou do Estado." [5]

E prossegue com um ponto essencial:

> "O homem, de facto, é naturalmente levado a subordinar a validade da lei à sua conformidade com o valor da justiça, aos fundamentais princípios de uma ordem interior a todos os seres e em seguida interior ao próprio homem (…)"

Tenho para mim que essa preocupação pela Justiça e essa sintonia com ditames mais altos que a mera engenharia legal ao sabor dos ventos da efémera política, essa preocupação é o critério verdadeiramente definitório do jusnaturalismo e do jusnaturalista. Antígonas sempre clamarão por Leis mais altas que os decretos

---

[5] REGINALDO PIZZORNI, *Il Diritto Naturale dalle Origine a S. Tommaso d'Aquino*, 3.ª ed., Bolonha, ESD, 2000, p. 5 (tradução nossa).

arbitrários dos ditadores Creontes. O jusnaturalista está ao lado daquelas; o positivista cumpre as ordens destes. Cientificamente, Antígona não prova nada. Mas todos sentimos com o coração quem está certo.

Essas razões do coração não são a melhor pedagogia? Cada um responderá pelo seu.

Parte IV

DO DIREITO NATURAL POSITIVO

PRINCÍPIOS, VALORES E DIREITO NATURAL
NAS CONSTITUIÇÕES E NOS CÓDIGOS CIVIS
PORTUGUESES E ESPANHOIS

CAPÍTULO I
Introdução

A Constituição da República Portuguesa, remetendo embora, em matéria interpretativa de direitos fundamentais para a jusnaturalista (posto que não declaradamente jusnaturalista) Declaração Universal dos Direitos do Homem[6], e tendo consagrado inúmeros direitos naturais, não utiliza nunca a designação "Direito Natural". E dela constando, logo na versão original, de 1976, ou mercê das revisões ulteriores, os principais *valores* éticos e políticos com relevância jurídica, também não profere tal expressão.

É muito natural que assim haja sucedido, mercê de alguma fobia conotativa face a tais expressões, que então se vivia. Mais por omissão que por acção, aliás. Dir-se-ia que, no tempo em que a Constituição foi elaborada, nem sequer tais questões estariam na ordem do dia: havia uma crença muito forte no valor demiúrgico da lei, da lei positiva, e a ideia de valores era filosófica demais para

---

[6] Constituição da República Portuguesa, art. 16.º, n.º 2 da Constituição da República Portuguesa: "Os preceitos constitucionais e legais relativos aos direitos fundamentais devem ser interpretados e integrados de harmonia com a Declaração Universal dos Direitos do Homem". De notar que este preceito equivale, em termos práticos, a que toda a Constituição se deva interpretar à luz da referida Declaração. Cf., no mesmo sentido, JORGE MIRANDA, *A Declaração Universal dos Direitos do Homem e a Constituição (Artigo 16.º),* in *Estudos sobre a Constituição,* coordenação de Jorge Miranda, II, Lx., Livraria Petrony, 1977, I, p. 58, n. 18. Afirmando o jusnaturalismo dos textos de direitos humanos, quer constitucionais, quer internacionais, MIGUEL AYUSO, *El Agora y la Pirámide. Una visión problemática de la Constitución española,* Madrid, Criterio, 2000, p. 129.

um momento de turbulência. Apenas a linguagem marxista ou marxizante parecia então poder ter curso legal. Até a ideia de "natureza humana" viria a ser explicitamente negada na Assembleia Constituinte[7] (embora constituindo excepção, até pela própria invocação). Mas nada do exposto significa que, por estarem ausentes as palavras, estejam por completo esquecidas as ideias... Como o Espírito, o Direito natural e os valores sopram onde querem...

Afigurou-se-nos interessante propor uma primeira reflexão sobre estas questões nas ordens jurídicas espanhola e portuguesa[8]. Pareceu-nos que alguns dados da história constitucional portuguesa recente iluminariam a história constitucional recente espanhola, e vice-versa.

---

[7] Cf. uma declaração de voto nesse sentido, a propósito do art. 16.º, *in* REINALDO CALDEIRA/MARIA DO CÉU SILVA (compilação), *Constituição da República Portuguesa. Projectos, votações e posição dos partidos*, Amadora, Bertrand, 1976, p. 509.

[8] Não pode, com efeito, a Filosofia do Direito e o Direito Natural alhear-se do direito positivo (nem vice-versa), e muito têm a ganhar com a sua compreensão mútuas. Além de que a aproximação entre Direito Natural (e Filosofia do Direito) e Direito Comparado não é sequer coisa recente. Cf., por todos, já ALBERTO MONTORO BALLESTEROS, *Iusnaturalismo y Derecho Comparado*, separata de *El Derecho Natural Hispánico. Actas de las 'Primeras Jornadas Hispánicas de Derecho Natural'*, org. de Francisco Puy, Madrid, Escelicer, 1973, p. 403 ss..

CAPÍTULO II
Justiça, Liberdade, Igualdade e Pluralismo Político na Constituição espanhola

Em Espanha, desde a Constituição de 1978 que se considera expressamente no articulado constitucional a existência de uma categoria nova, na qual se integram (ou com que se identificam) a Liberdade, a Justiça, a Igualdade e o Pluralismo Político. A esta categoria chama o artigo 1.1. da Constituição espanhola "valores superiores".

Talvez esta originalidade classificatória (mas que é muito mais que isso, pois tem um valor de decisão axiológica) possa ter alguma repercussão, até hermenêutica, na nossa Constituição, a qual, como é sobejamente sabido, fora uma das fontes de inspiração da Constituição espanhola[9]. Parece um desafio interessante avaliar se esta última não poderá acabar por de algum modo *devolver influência* à sua congénere portuguesa, fornecendo-lhe, ao menos, por seu turno, fonte de inspiração hermenêutica.

---

[9] Sem, de modo algum, nos importar o concurso das originalidades, ou a reivindicação da primeira vez que as ideias surgiram, o que, no limite, nos faria a todos quase sempre devedores dos Gregos da Antiguidade, não podemos deixar de considerar interessante que a defesa de um lugar cimeiro para os valores no seio do ordenamento jurídico foi feita por um português, em Abril de 1975, na Universidade de Saragoça, aquando das respectivas Jornadas de Direito Civil. Julgamos valer a pena transcrever as suas palavras finais: "Defendemos a necessidade de situar os valores espirituais no ápice da tábua axiológica informadora do ordenamento jurídico e de dar plena realização prática a esse primado". Cf. MÁRIO BIGOTTE CHORÃO, *As Fontes do Direito no Código Civil Português e no Código Civil Espanhol*, in *Temas Fundamentais de Direito*, Coimbra, Almedina, 1986, p. 222.

Uma pergunta poderia mesmo fazer-se, com mais audácia: vamos usar a Constituição espanhola para interpretar a nossa? *Cum grano salis*, e atenta a natureza das coisas, não repugna pensar que parâmetros mentais, que paradigmas de uma constituição mais recente, que se inspira numa mais antiga, possam devolver à primeira elementos comuns mais organizados e filtrados pela experiência prática ou (neste caso) teórica; em suma, mais burilados.

Temos pessoalmente uma ideia sobre as possíveis voltas da história. Talvez ela nos possa ajudar.

Em 1978, a Constituição portuguesa, como dissemos reconhecidamente uma das fontes inspiradoras da espanhola, falava assistematicamente destas "entidades" ou de entidades muito próximas: havia uma referência tríplice do Preâmbulo ("livre", "justo", "fraterno"), e havia ainda, no art. 2.º, a alusão ao pluralismo político numa fórmula pletórica ("pluralismo de expressão e organização política democráticas"), compreensível para acautelar quaisquer tentações totalitárias de supressão de partidos.

Não se pode afirmar com segurança sem documentos e testemunhos; mas não custa admitir que os ponderados constituintes espanhóis tenham querido colher (por original geração espontânea ou por selecção do influente: isso importa tão pouco!) para a sua própria constituição coisas preciosas que viram na nossa, ou melhor: que a nossa lhes sugeriu. Porque, na verdade, os valores que nela estão presentes não foram por ela inventados. E bastaria recuar aos textos fundadores do Constitucionalismo moderno para encontrar pelo menos parte deles.

De qualquer modo, duas preciosidades se encontravam quase prontas no final do nosso preâmbulo (a liberdade e a justiça, decorrentes do nosso país "mais livre" e "mais justo"). Consagrariam uma outra que pode ser encarada, afinal, como a tradução não social, mas conceptual, da nossa "sociedade sem classes" (art. 1.º): a igualdade (prejudicial relativamente à nossa "fraternidade", porque de algum modo, numa clave utópica, mais completa ou mais perfeita). Finalmente, terminariam o seu artigo com uma outra ideia, agora sintetizada, a de pluralismo político (como vimos, presente no nosso art. 2.º).

É natural que se tenham interrogado sobre o que unia todas estas entidades da maior valia. Tinham resolvido o problema da definição do Estado como "social" e "democrático de Direito", numa fórmula bastante mais feliz que a nossa. Se entre nós o social não poderia figurar, porque faria figura de retrógrado em comparação com a ideia de construção do socialismo (expressamente referido no art. 2.°), já o Estado de Direito viria a ser alvo de uma interessante querela de palavras que oporia o PS ao PPD, tendo o primeiro levando a sua avante: aderia, evidentemente, ao conceito de Estado de Direito mas considerava que o Pacto MFA/Partidos não permitia a sua plena consagração, pelo que a Assembleia se teria de bastar com a "legalidade democrática"[10]. Pelo que nessa primeira versão não ficou consagrado o "Estado de Direito" no corpo da Constituição.

Faltava unir os demais elementos, compreender-lhes o sentido último. A constituição espanhola dá um enorme e original salto qualitativo[11]: compreende pela primeira vez que se trata de valores[12].

A constituição italiana de 1947, tal como a nossa, utilizava a formulação de um Estado "baseado em"... o que poderia remeter para a ideia de *fundamentos*. Mas entre *princípios* e *fundamentos* a distinção é ténue, e *fundamento* carece de substância teórica como categoria filosófica fundante. E se o trabalho pode ser fundamento da república italiana, já é mais complicado fundar uma república em realidades cuja tangibilidade é muito mais evanescente. A formulação da constituição portuguesa é precisamente criticável porque

---

[10] Cf. Declaração de voto do PS *in* REINALDO CALDEIRA/MARIA DO CÉU SILVA (compilação), *Constituição da República Portuguesa. Projectos, votações e posição dos partidos*, pp. 493-494.

[11] GREGORIO PECES-BARBA, *Los Valores Superiores*, 1.ª reimp., Madrid, Tecnos, 1986, p. 11 ss..

[12] Já anteriormente o constitucionalismo espanhol conhecia referências a alguns dos que virão a ser catalogados como valores. Mas ainda os não afirmava como tais. Cf., *v.g.*, MILAGROS OTERO PARGA, *Valores Constitucionales. Introducción a la Filosofía del Derecho: axiologia jurídica*, Santiago de Compostela, Universidade de Santiago de Compostela, 1999, p. 32 ss..

102   *Do Direito Natural Positivo*

a dignidade é um dado da natureza do Homem a respeitar (como aliás acertadamente diz a Constituição de Bona de 1949, falando na sua intangibilidade) e não um alicerce a suportar o Estado. Assim como há dificuldades em assentar fundações sobre a vontade popular...

Mas não estamos, felizmente, totalmente desprovidos de fontes sobre como as coisas se passaram em Espanha.

Em fins de Agosto de 1977, o grupo socialista propusera a seguinte redacção (devida ao punho de Peces-Barba) para o primeiro artigo da futura constituição espanhola[13]:

> *"España se constituye como Estado Democrático de Derecho que propugna, como valor superior de su ordenamiento jurídico, la justicia en la libertad y la igualdad".*

A origem dos acrescentos "social" e do "pluralismo político" foi uma proposta de Fraga Iribarne, que viria a ser adoptado por unanimidade. Um texto intermédio seria proposto pelo representante da minoria vasca catalã, em que o lugar do social e do democrático estavam em posição inversa face à definitiva.

É interessante notar que, do mesmo modo que entre nós se falava no "respeito e na garantia (...) e no pluralismo ...", as primeiras versões em Espanha, subsequentes à socialista, consideraram valores, no mesmo plano, a liberdade, a justiça e a igualdade, ficando o pluralismo político como algo digno de respeito ou a ser respeitado, mas sem qualificação precisa:

> *"España se constituye en un Estado social y democrático de Derecho que propugna como valores superiores de su ordenamiento jurídico, la libertad, la justicia, la igualdad y el respecto al pluralismo politico"*[14]

---

[13] GREGORIO PECES-BARBA, *Los Valores Superiores*, p. 26 ss..

[14] Versão ("anteproyecto de Constituicion redactado por la ponencia") de 5 de Janeiro de 1978, *apud* GREGORIO PECES-BARBA, *Los Valores Superiores*, p. 28.

Vai haver muitas tentativas a vários níveis, de modificar este texto-base. Designadamente há quem procure suprimir pura e simplesmente estes valores (especialmente a UCD – União do Centro Democrático –, de Adolfo Suarez), e quem os procure transformar em princípios, ou, ao menos, qualificar como tais (o senador Camilo José Cela).

Mas o que podemos sobretudo retirar dessas peripécias, parece ser o seguinte: ante as tentativas de supressão dos valores e a sua descaracterização como princípios, o resultado foi um reforço faseado mas efectivo da ideia de que há valores constitucionais superiores.

Neste jogo político sempre difícil de interpretar, afigura-se-nos que a resultante destes complexos paralelogramos de forças não foi, todavia, a melhor. A nosso ver, a elevação do pluralismo político a valor é exageradíssima. E se tal resolve o problema da sua qualificação, resolve-o mal. O pluralismo político é uma manifestação importantíssima, mas tão-só uma manifestação da liberdade. Em rigor, o pluralismo só se encontra nestes artigos com medo de velhas e novas ditaduras. Não pelo rigor apolíneo de conceitos depurados.

Por outro lado, se bem que consideremos que quer a Liberdade quer a Igualdade (ou Solidariedade) podem ser encarados como Valores, afigura-se-nos muitíssímo sedutora a formulação de Peces Barba na primeira formulação, do grupo socialista.

A proclamação constitucional do valor jurídico-constitucional da Justiça como o vértice normativo-axiológico do ordenamento jurídico é, a nosso ver, de uma relevância transcendente.

Sem dúvida que Liberdade e Igualdade são valores, mas em Direito elas como que integram a própria Justiça. O único símile que nos ocorre é mesmo o da Santíssima Trindade. Sendo que a Justiça é o Espírito Santo, o *paráclito*.

A explicação fornecida pelo próprio autor da proposta, Peces Barba, dá motivo para meditação:

> *"(…) la utilización del verbo 'propugna' y el concepto de 'valor superior', aunque en singular porque se pensaba, y creo*

que era razonable, que el valor 'justicia' tenía como contenido material los conceptos históricos, creados en la cultura jurídica y política del mundo moderno, y no abstractos y a priori, al modo del Derecho natural. (…) En definitiva, se trataba creo de expressar los valores de la síntesis liberalismo-socialismo como las grandes ideologías que están en la base de la Democracia moderna, y conseguientemente de una teoria democrática de la Justicia, con la pretensión de informar a un texto Constitucional como el español"[15].

A segunda parte desta explicação empobrece, a nosso ver, o rasgo da primeira. Não é que não seja interessante a ideia de uma justiça como equilíbrio entre a liberdade liberal e a igualdade socialista. Mas é pouco como projecto, sobretudo em tempos ulteriores, em que, além do mais, florescem e murcham terceiras vias… Não se pode deixar de ter em vista a genealogia do que, tendo história, carece de definição pura e simples (diremos, recordando a Nietzsche), nisso estamos muito de acordo. Mas propendemos a que se veja a história completa, e não apenas a história moderna. A ideia de liberdade não pode ser vista apenas com os olhos liberais, assim como a de igualdade não se resume à visão socialista – mesmo que alarguemos muito os conceitos de liberal e socialista. Perder de vista o rasto clássico dessas ideias, limitá-las ao debate moderno, é ver apenas uma parte da questão. E idêntico problema detectamos na crítica ao direito natural, por abstracto e apriorístico, crítica que será merecida na sua versão moderna[16], mas já desprovida de sentido na sua versão realista, e sobretudo nos seus esforços dialécticos.

Não nos parece, assim, que esta formulação fosse de superação do jusnaturalismo, tal como também não a temos por jusnaturalista. Era, sem sombra de dúvida, muito mais rigorosa que o texto

---

[15] GREGORIO PECES-BARBA, *Los Valores Superiores*, pp. 26-27.

[16] Sobre a oposição entre direito natural moderno e clássico, por todos, LEO STRAUSS, *Natural Right and History*, trad. fr., *Droit naturel et histoire*, Paris, Flammarion, Champs, 1986.

definitivo. Mesmo considerar ao mesmo nível da Justiça quer a Liberdade quer a Igualdade já exige malabarismos hermenêuticos de acomodação recíproca que a fórmula anterior (sem esclarecimentos ideológicos) não requeria.

Outra coisa é certa: os valores superiores começaram por ser um único.

Afinal, a procura da Justiça, da Justiça só, não era vã. Pois não era. E agora tudo se compreende melhor. Quando se passou de um valor superior para três, e depois para quatro, esqueceram-se os constituintes de graduar os valores: ficaram todos superiores. Quando, na realidade, o que parece deduzir-se do texto inicial é que há três valores, do ponto de vista jurídico-constitucional: o superior, que é a Justiça, e dois outros, que não são tão superiores, a Liberdade e a Igualdade.

Esta falta de graduação dos valores – precisamente os valores! – é tanto mais chocante quanto o pluralismo político, que nem sequer é um valor, acaba por ficar a par... até da Justiça.

Mas em 1992 já a Constituição espanhola tivera entre nós a devida recepção. Nunca fica bem importar pura e simplesmente leis, e muito menos textos constitucionais. Mas na revisão constitucional de então pode ter também pesado por um lado a importância da tríade liberdade, justiça e solidariedade, e por outro a ainda pouca ordem dos valores, devida à sua não hierarquização e à integração de um que o não é. Quer dizer: se a constituição espanhola estava mais bem arrumada do que a nossa, ainda não o estava de tal forma que pudesse espelhar essa verdade apodíctica que permite já a cópia livre, porque cópia de essências. A partir do momento em que se não subordina e concorre para a Justiça, a par da Liberdade, a Igualdade, uma de entre quatro, passa a fazer muito mais sentido na sua versão solidária que simplesmente igualitária. Daí que a tríade acolhida no art. 1.º possa ter outra ressonância, bem diferente da explicitada, para a espanhola inicial, pelo seu autor. Se ali é uma Justiça arbitrando entre a Liberdade e a Igualdade, e das duas recebendo inspiração, aqui a tríade é colocada como que num crescendo histórico, da própria história da revolução portuguesa: primeiro, conquista-se a liberdade (está a falar-se, evidentemente, da liberdade política), depois, assegura-se o *suum cuique* autêntico da justiça (mas ainda numa ideia de algum titularismo decerto...), porque o coroar da sociedade que se pretende construir está na dimensão solidária, do dar *mais do que é o seu* ao outro.

A ordem liberdade, justiça, solidariedade é uma ordem de progressivo envolvimento com os outros, de círculos sucessivos de sociabilidade.

CAPÍTULO III
Princípios, Direito Natural, Valores

Compreende-se, entre outras razões pela identificação tácita entre jusnaturalismo e jusracionismo, que Peces Barba assimile a ideia de princípios (e a de "proclamação" também proposta por Camilo José Cela) à possibilidade de uma interpretação jusnaturalista, coisa que pretende evitar[17].

A verdade é que jusnaturalismo e juspositivismo acabam por ser também paradigmas hermenêuticos que não se impõem nem se proscrevem por lei ou por doutrina: são sempre posições possíveis, mesmo diante dos textos aparentemente mais fiéis à interpretação contrária. Javier Hervada, por exemplo, sustenta uma interpretação jusnaturalista da Constituição espanhola[18]. Outros o farão, de forma mais ou menos matizada, embora se encontrem certamente em minoria na doutrina[19]. O grande problema é o grau de *purismo* utilizado no emprego da expressão… Pessoalmente não nos repugna essa visão lata de jusnaturalismo, conquanto saibamos do que estamos a falar. Até porque há grande consenso em que a Constituição espanhola (e coisa idêntica poderia dizer-se da portuguesa) também não é estritamente positivista legalista.

---

[17] GREGORIO PECES-BARBA, *Los Valores Superiores*, p. 34 *et passim*.

[18] JAVIER HERVADA, *Los Derechos Inherentes a la Dignidad de la Persona Humana*, in "Persona y Derecho", Pamplona, 1991, *, suplemento de *Humana Iura*, p. 345 ss..

[19] Cf. uma discussão do problema, com referências documentadas, *in* MIGUEL AYUSO, *Él Agora y la Pirámide*, p. 129 ss..

Chamar princípios à Justiça, à Liberdade, etc., e *proclamá-los* em vez de os *propugnar* não se nos afigura, pessoalmente, mais jusnaturalista que chamar-lhes valores. Tem sabor mais setecentista, isso sim. Mas tal nada prova. E curiosamente a dicotomia proclamar/propugnar é a que tem conotação mais relevante neste caso. Mas, mesmo assim, um jusnaturalista que bem entenda que a justiça é *constans et perpetua voluntas* mais se identifica até com propugnar a Justiça que com simplesmente proclamá-la enquanto princípio, ou valor...

Embora jusnaturalismo e direito natural não sejam a mesma coisa[20] (e este problema seja aqui um tudo-nada secundário) convoquemos ainda mais uma voz. Por exemplo, García de Enterría, assimilando criativamente todo um vasto conjunto de aportações da nova ciência jurídica, considera existir um lugar médio em que se encontra um direito natural de absolutos (ou, em seu lugar, determinações políticas), de um lado, e, de outro, os resultados (teoréticos) do pensamento tópico sobre as questões particulares. Este lugar é o das instituições, que parece poderem assumir também a forma de "princípios institucionais". O autor sintetiza, assim:

> *"Esses principios institucionales son normalmente los únicos 'principios generales' respecto de situaciones determinadas, puesto que en ellos se expresan, a través de la conversión técnica correspondiente, el orden de valores propio del Derecho natural, o del orden político, reducido a los términos concretos de la experiencia tópica"*[21].

Esta perspectiva está em plena consonância (embora não a invoque, nem precise de a invocar) com uma renovada concepção de direito natural também como "metodologia" e de novo atenta às

---

[20] Cf., por todos, o nosso *Direito Natural e Jusnaturalismo*, in "O Direito", recolhido in *O Ponto de Arquimedes. Natureza Humana, Direito Natural, Direitos Humanos*, Coimbra, Almedina, 2001, p. 87 ss..

[21] Eduardo García de Enterría, *Reflexiones sobre la Ley y los Principios Generales de Derecho*, reimpr., Madrid, Civitas, 1986, p. 67.

raízes dialécticas do Direito[22]. Assim, imediatamente a seguir, García de Enterría afirma, expressivamente:

"Es justamente aquí donde se rompe la concepción dualista del orden jurídico y donde se impone la certidumbre de su íntima estructura unitaria, aunque perpetuamente abierta a la doble perspectiva de los valores superiores y de la praxis vital"[23].

Em conclusão, o autor considera[24] – e nós também o acompanhamos nessa tese – que, ao contrário do que pretendiam os positivistas, se não pode fazer qualquer interpretação, aplicação, ou construção científica do Direito sem permanentemente conexionar as normas (e julgamos que ainda todas as realidades que convocam o Direito) com aqueles princípios institucionais ou gerais. E parece que isto sucede precisamente porque eles são, como se disse, a expressão técnico-jurídica da "ordem de valores própria do Direito natural" (ou da ordem política – particularmente julgamos que esta situação se aplica ao elemento "pluralismo político"), "reduzidos aos termos concretos da experiência tópica".

Ora os princípios positivam afinal os valores. Não podem confundir-se com eles. Mesmo que agora se não postule qualquer adesão ao Direito natural, ainda assim a formulação parece relevante:

---

[22] Cf., classicamente, TOMÁS DE AQUINO, *in Met.*, IV, lição 4; JACQUES MARITAIN, *Sept leçons sur l'être et les principes de la raison spéculative*, trad. br. de Nicolás Nyimi Campanário, *Sete Lições sobre o Ser e os Primeiros Princípios da Razão Especulativa*, S. Paulo, Edições Loiyola, 1996, p. 46 ss.; V. ainda os nossos *La dialectique, méthode du juriste*, in "Les Visages de la Loi", org. de Catherine Samet et Stamatios Tzitzis, Paris, L'Archer, diffusion P.U.F., 2000, pp. 113-129, e *Natureza & Arte do Direito*, Coimbra, Almedina, 1999, p. 109 ss., *et passim*. E sobretudo MICHEL VILLEY, «Nouvelle réthorique et droit naturel», *Critique de la pensée juridique moderne*, Paris, Dalloz, 1976, p. 85 ss..

[23] EDUARDO GARCÍA DE ENTERRÍA, *Reflexiones sobre la Ley y los Principios Generales de Derecho*, reimpr., Madrid, Civitas, 1986, p. 67.

[24] EDUARDO GARCÍA DE ENTERRÍA, *Reflexiones sobre la Ley y los Principios Generales de Derecho*, pp. 67-69.

de valores superiores é que surgem, em tensão com o pensamento problemático, os princípios de Direito.

Já contra a jurisprudência dos interesses formulava Coing um raciocínio que, *mutatis mutandis*, apresenta uma sugestão semelhante. Citemo-lo tal como no-lo recorta Karl Engisch, na tradução primorosa de Baptista Machado:

> *"Os valores morais como a igualdade, a confiança, o respeito pela dignidade da pessoa, não são interesses [no nosso caso diríamos: não são princípios] quaisquer ao lado de outros: eles são antes os elementos ordenadores do Direito privado (e, primeiro que tudo, evidentemente, do Direito penal e de outros ramos do Direito público) genuinamente decisivos; eles não se situam ao lado dos factos a ordenar, no mesmo plano, mas por cima deles, num plano superior".*

E assim, o fundamento basilar de todo o Direito terá de "ser consciencialização das valorações sobre que assente a nossa ordem jurídica"[25].

Esclarecido o problema, voltemos atrás. O receio de identificação entre princípios e direito natural manifestado por Peces-Barba tem especialmente sentido no quadro dessa visão racionalista do direito natural (que pessoalmente recusamos). Recordemos a mesma identificação em Radbruch:

> *"Há também princípios fundamentais de Direito que são mais fortes do que todo e qualquer preceito jurídico positivo, de tal modo que toda a lei que os contrarie não poderá deixar de ser privada de validade. Há quem lhes chame direito natural e quem lhes chame direito racional"*[26].

---

[25] Coing, *JurZ*, p. 485, *apud* Karl Engisch, *Einfuehrung in das juristische Denken*, 3.ª ed., Estugarda, W. Kohlhammer, 1964, trad. (e prefácio) de João Baptista Machado, *Introdução ao Pensamento jurídico*, 5.ª ed. port., Lisboa, Fundação Calouste Gulbenkian, 1979, p. 318.

[26] Gustav Radbruch, "Cinco Minutos de Filosofia do Direito", "Apêndice II" a *Filosofia do Direito*, 4.ª ed. port., trad. e prefácios de L. Cabral de Moncada, Coimbra, Arménio Arnado, 1961, 2 vols., II vol., pp. 213-214.

Todavia, e embora possa afirmar-se, por comodidade e sobretudo por razões didácticas ou retóricas, que o direito natural é constituído por princípios, tal constitui uma concessão ao uso e uma em certa medida uma deformação da complexidade do problema.

Para um jusnaturalismo que haja reencontrado as regiões matinais da sua pureza original, mesmo os mais generosos e subtis princípios jurídicos são de algum modo um empobrecimento, na medida em que acabam sempre por se revelar uma espécie de super-normas, mais gerais, mais abstractas, cuja fixidez e racionalidade acaba sempre por repugnar à naturalidade nas coisas[27] e à dialéctica próprias desse *direito natural*. E por isso é que Martinez Doral é perturbador, ao fazer-nos pressentir que, de algum modo, todos os princípios são construídos, fruto afinal de uma racionalização, e em que o movimento aplicador descendente foi precedido de uma apreensão ascendente.

Ora os princípios de direito, apesar da sua proeminência, são argumentos a utilizar dialecticamente na procura da Justiça. Mas precisamente Justiça, Liberdade, Igualdade são argumentos tão gerais e tão vastos que tornam a sua invocação enquanto princípios muito complexa: como pesá-los e cotejá-los com os verdadeiros princípios, dotados de muito mais unívoco sentido e muito maior especificidade?

A verdade é que se encararmos a questão pelo prisma tópico, todas estas realidades funcionam como tópicos: os princípios, os valores e o direito natural, seja ou não subdividido em princípios. Este último, se desagregado, identificar-se-á com cada um dos princípios ou direitos em que se decomponha, seguindo-lhe a sorte – eventualmente emprestando-lhe a mais a sua *auctoritas* (ou o seu descrédito: consoante o público/juiz); não o sendo, e permanecendo um tópico unitário, ainda assim quedará, quiçá carregado de mais

---

[27] Cf. Michel Villey, *Le droit dans les choses*, in *Controverses autour de l'ontologie du droit*, dir. de Paul Amselek/Christophe Grzegorczyk, Paris, P.U.F., 1989, p. 11 ss..

mistério (o que também provoca juízos e reacções contraditórias), sempre continuará a ser a última bala argumentativa no revólver do jurista[28].

Há todavia que distinguir a *démarche* dialéctica em que o direito natural empreende uma investigação sobre a juridicidade nas coisas, e a *démarche* retórica, em que as argumentações simplesmente se contrapõem e parecem isolar-se do seu *quid*, sem real preocupação com a finalidade da contraposição dos argumentos. Num caso, procura-se a luz da discussão, e a luz sobre o real; no outro, interessa persuadir, independentemente da verdade material (ou da plausibilidade possível).

É verdade que o direito natural tem sido (identificado ou não com princípios) instrumento da segunda *démarche*, mas insistimos que deveria ser associado à primeira.

A preocupação de não associar os valores superiores da Constituição espanhola ao Direito Natural coloca-nos um problema importante: qual a relação entre Valores e Direito Natural.

Os valores, como a Justiça, a Liberdade e a Igualdade, tendo um lugar no universo do Direito, sem dúvida, e um lugar proeminente, todavia não restringem a sua existência nem limitam a sua influência ao domínio jurídico. Os valores impõem-se, em geral, aos diversos domínios da vida humana em que a dimensão axiológica tenha cabimento. São desde logo éticos e estéticos, influenciando muitos juízos e condutas que, felizmente, se encontram livres ou relativamente afastados da intromissão tuteladora do Direito.

Por isso, a extra/ultra juridicidade dos valores implica que eles naturalmente inspiram e enformam o Direito Natural, mas não se identificam com ele.

O Direito Natural é, não o esqueçamos, verdadeiro Direito. Enquanto os valores, enquanto valores, são entidades axiológicas.

---

[28] Em sentido semelhante, FRANCISCO PUY, *Tópica Jurídica*, Santiago de Compostela, Imprenta Paredes, 1984, p. 149.

O problema que, assim, se põe, é fundamentalmente o da relação entre Direito e Moral e Direito e Ética, já que de valores estéticos agora não curamos.

Pessoalmente, e embora não possamos, *brevitatis causa*, entrar muito profundamente na questão, inclinamo-nos para a razoabilidade do velho brocardo romano *non omne quod licet honestum est*. Portanto, a relação entre Moral e Ética e Direito, assim como a relação entre valores éticos e Direito é a de uma intersecção, na qual a componente ética tem uma particular força determinante do que é essencial no Direito: não se confundindo com ele, determina-o no que é essencial, sem que, todavia, lhe exija uma plena concordância consigo. Ou seja, num núcleo essencial, num "mínimo ético" *hoc sensu*, impera a moralidade. Mas para além dele, deixa-se liberdade ao Direito, até de se conformar com algumas imoralidades ou faltas de ética.

E permitimo-nos falar de todo o Direito nesta relação e não apenas do Direito Natural, porque pressupomos que todo o Direito tem de ser conforme ao Direito Natural. Por isso, onde se lê Direito, *tout court*, poderá passar a ler-se, também, "Direito Natural".

CAPÍTULO IV
Direito Natural e Princípios Gerais do Direito nos Códigos Civis

Não apenas há Direito Natural na Constituição. Os Códigos civis têm sido também depositários, classicamente já, de muitas disposições de índole constitucional. Como se o legislador, essa figura mítica, tivesse por vezes querido preservar certas matérias da relativa fugacidade dos textos constitucionais, guardando-as nos muito mais perenes, e muito dignos, códigos civis.

Ora, se a interpretação doutrinal ainda hoje dominante sobre a lição, nesta matéria, do Código Civil espanhol poderá tirar dúvidas a quem as tivesse, por considerar "incluídas nos princípios gerais do direito as directrizes do direito natural"[29] (embora em termos subsidiários), o caso em Portugal, sendo embora mais complexo, não deixa de colocar algumas questões interessantes. Não só pensando na doutrina dominante do país vizinho, mas ainda à luz do que ocorreu nesta matéria em Portugal, poderemos quiçá melhor entender a oposição de Peces Barba à proposta de Camilo José Cela, designadamente no que diz respeito à proposta deste último da identificação da Justiça, da Liberdade, da Igualdade, etc. com princípios e não com valores.

Em Espanha, os princípios gerais do direito são, expressamente, considerados fontes do Direito. Mas enquadremo-los devidamente no seu contexto:

---

[29] MÁRIO BIGOTTE CHORÃO, *As Fontes do Direito no Código Civil Português e no Código Civil Espanhol*, in *Temas Fundamentais de Direito*, p. 219.

"Artículo 1

Las fuentes del ordenamiento jurídico español son la ley, la costumbre y los principios generales del derecho.

2. Carecerán de validez las disposiciones que contradigan otra de rango superior.

3. La costumbre sólo regirá en defecto de ley aplicable, siempre que no sea contraria a la moral o al orden público y que resulte probada. Los usos jurídicos que no sean meramente interpretativos de una declaración de voluntad tendrán la consideración de costumbre.

4. Los principios generales del derecho se aplicarán en defecto de ley o costumbre, sin perjuicio de su carácter informador del ordenamiento jurídico".[30]

Vejamos agora a evolução da sorte dos princípios gerais do Direito nos nossos códigos. Afigura-se-nos que se caminha de uma explicitação do direito natural tendo-os como implícitos e ex-denominados (numa identificação implícita), para uma inversa de-nominação / ex-denominação[31], ainda hoje vigente, pela qual são fanerizados por interposto conceito, e, agora, sendo ocultado o Direito Natural. Mas, de qualquer sorte, trata-se de uma identificação.

Analisemos os vários passos desta evolução.

Com efeito, o nosso liberal código de Seabra, no seu art. 16.°, dispunha:

"Se as questões sobre direitos e obrigações não puderem ser resolvidas, nem pelo texto da lei, nem pelo seu espírito, nem pelos casos análogos, prevenidos em outras leis, serão decididas pelos princípios do direito natural, conforme as circunstâncias do caso".

---

[30] Fonte: http://www.derecho.com/

[31] Sobre o procedimento de ex-denominação ou exnominação, cf. ROLAND BARTHES, *Mythologies*, Paris, Seuil, 1957, ed. port. com prefácio e trad. de José Augusto Seabra, Lisboa, Edições 70, 1978, p. 206 ss.; JOHN FISKE, *Introduction to Communication Studies*, trad. port. de Maria Gabriel Rocha Alves, *Teoria da Comunicação*, 5.ª ed., Porto, Asa, 1999, p. 223.

Note-se que a expressão utilizada é já um híbrido, "princípios do direito natural". Provavelmente tal acabou por resultar de um relativo aproveitamento da versão original, que, embora inserindo-se num código jusnaturalista, feito por um jusnaturalista[32], não incluía aqui esta explícita referência. De facto, o artigo que na proposta original tratava da questão, o art. 13.º, postulava:

> *"Se as questões sobre direitos e obrigações não poderem ser resolvidas nem pelo texto da lei, nem pelo seu espírito, nem pelos casos análogos, previstos em outras leis, regular-se-ão pelos princípios gerais da equidade, segundo as circunstâncias do caso, e sem que possa recorrer-se a nenhuma legislação estrangeira, a não ser como testemunho dessa mesma equidade"*[33].

A questão remeter-nos-ia para longe, designadamente para a equidade, que só não será de considerar um valor porque fazendo parte do próprio valor da Justiça, sendo um dos seus aspectos. A equidade acabaria por apenas restar sob a fórmula de "circunstâncias do caso", submetida como fora à crítica de Vicente Ferrer Neto Paiva[34], que a acusou de vaga e imprecisa.

---

[32] Para se aquilatar do pensamento do Visconde de Seabra, além do Projecto de Código, cf., especialmente, ANTONIO LUIZ DE SEABRA, *Apostila à Censura do Sr. Alberto de Moraes Carvalho sobre a primeira Parte do Projecto de Codigo Civil por ...,* Coimbra, Imprensa da Universidade, 1858; Idem, *A propriedade. Filosofia do Direito para servir de introdução ao comentário sobre a Lei dos Forais,* vol I, Parte I, Coimbra, 1850, máx. p. 6 ss.; Idem, *Resposta às reflexões do Sr. Doutor Vicente Ferrer Neto Paiva sobre os sete primeiros títulos do projecto de Código Civil Português,* Coimbra, 1859.

[33] ANTONIO LUIZ DE SEABRA, *Projecto de Código Civil Português,* Coimbra, 1858, p. 4.

[34] VICENTE FERRER NETO PAIVA, *Reflexões sobre os sete primeiros títulos do livro único da parte I do Projecto de Código Civil Português, do sr. António Luis de Seabra,* Coimbra, 1859, p. 13.

O código vigente que, como bem se sabe, data da segunda metade dos anos sessenta, directamente inspirado não no Código de Seabra, mas no Código Suíço 1907, substitui (*mutatis mutandis*) esta fórmula pelo "espírito do sistema", e, nesta matéria, reza assim:

"Art. 10.°
(Integração das lacunas da lei)
1. Os casos que a lei não preveja são regulados segundo a norma aplicável aos casos análogos.
2. Há analogia sempre que no caso omisso procedam as razões justificativas da regulamentação do caso previsto na lei.
3. Na falta de caso análogo, a situação é resolvida segundo a norma que o próprio intérprete criaria, se houvesse de legislar dentro do espírito do sistema." (sublinhado nosso).

Todavia, mesmo assim se terá de assinalar que à doutrina do código suíço precisamente o legislador português acrescentou o "espírito do sistema", que aí não figurava. De facto, este código apenas dizia:

"Se não puder deduzir-se nenhuma disposição da lei, o juiz deve decidir segundo a regra que ele estabeleceria como legislador"[35].

Esta originalidade portuguesa parece de grande relevância, e um tanto no sentido de recuperar a tradição nacional, fazendo entrar de novo pela janela pelo menos um *fumus* de Direito natural.

O que doutrinalmente sucede é que na vigência do Código de Seabra, a doutrina positivista dominante nos princípios do século começou a tentar escamotear a dimensão efectivamente jusnatural do Código, cuidando decerto que o descaracterizaria nessa medida com a tradução de "princípios de direito natural" por princípios gerais do direito, sem mais. Chaves e Castro, por exemplo, traduz

---

[35] *Apud* Jacinto Fernandes Rodrigues Bastos, *Notas ao Código Civil*, I, Lx., 1987, p. 42.

Direito Natural e Princípios Gerais do Direito nos Códigos Civis   119

assim o preceito, e chega a falar, a propósito (o que não deixa de ser irónico), na "filosofia do direito positivo"[36]. Vários autores detectariam estes procedimentos de recuperação positivista. Sintetizaria, a propósito, a insuspeita voz de Orlando de Carvalho:

> *"É claro que não faltou entre nós quem, já convictamente inspirado por essa 'logische Geschlossenheit des Recthts', defendesse que os 'princípios do direito natural' eram os princípios do direito positivo"[37].*

E António Braz Teixeira recorda que tal preceito chegaria a ser considerado,

> *"não sem alguma velada ironia ou incompreensão, como o 'mais metafísico' da nossa legislação"[38].*

Mas também quando, a partir de 67, passa a vigorar uma invocação de um "espírito do sistema", que, ele também, poderia fazer imediatamente evocar a ideia de Direito Natural (já que, na verdade, se um espírito do sistema coerente e último há, é o do direito natural), de novo a doutrina passa a identificar essa nova categoria não com o "Direito Natural", mas com os mesmos princípios gerais do direito, ou ainda, talvez por se aperceber que os riscos de uma e outra coisa são semelhantes, apelando para uma espécie de *tertium genus*. Assim acaba por fazer o reputadíssimo comentário de Pires de Lima e Antunes Varela, com a colaboração de Manuel Henrique Mesquita:

---

[36] MANUEL DE OLIVEIRA CHAVES E CASTRO, *Estudo sobre o Artigo XVI do Código Civil Português*, Coimbra, 1971.

[37] ORLANDO DE CARVALHO, *Para uma Teoria Geral da Relação Jurídica Civil. I. A Teoria Geral da Relação Jurídica. Seu sentido e Limites*, 2.ª ed. actual., Coimbra, Centelha, 1981, p. 82.

[38] ANTÓNIO BRAZ TEIXEIRA, *Sobre os Pressupostos Filosóficos do Código Civil Português de 1867*, in *Problemas de la Ciencia Jurídica. Estudios en Homenaje al Profesor Francisco Puy Muñoz*, coord. de Dr.ª Milagros Otero Parga, Dr.ª Carolina Rovira de Flores de Quiñones, Dr. Manuel Segura Ortega, Santiago de Compostela, Universidade de Santiago de Compostela, 1991, vol. I, p. 67.

120 *Do Direito Natural Positivo*

"Em lugar do recurso ao direito natural ou aos princípios informadores do sistema legislativo, cabe ao intérprete criar o direito subsidiário. Este sistema tem, teoricamente, o inconveniente de permitir disparidade de interpretações, já porque diferem, necessariamente, os critérios de razoabilidade de homem para homem, mas tem a vantagem de, sobrepondo-se a concepções puramente teóricas, descer à realidade das coisas"[39]

Para não pulverizar as referências, atente-se apenas em que o Código Civil anotado por Abílio Neto e Herlânder Martins, uma das obras mais consultadas correntemente pelos práticos do Direito, remetendo, na doutrina, para Menezes Cordeiro[40], afirma, a propósito do n.° 3 do art. 10.°:

"[anotação] 6. A norma a criar tem de ser objectivamente mais adequada em face dos princípios gerais do nosso direito (...)"[41]

E, talvez mais especificamente ainda:

"[anotação] 9. O n.° 3 deste artigo conduz aos princípios gerais do Direito (...)"[42]

Como duas coisas iguais a uma terceira são iguais entre si, teremos de concluir que, pelo menos, as três expressões em causa são equivalentes: princípios do Direito Natural, espírito do sistema

---

[39] FERNANDO ANDRADE PIRES DE LIMA/JOÃO DE MATOS ANTUNES VARELA, *Código Civil Anotado*, vol. I (art.sos 1.° a 761.°), 3.ª ed., com a colaboração de MANUEL HENRIQUE MESQUITA, Coimbra, Coimbra Editora, 1982, anotação ao art. 10.°, n.° 3, p. 59 (normando nosso).

[40] MENEZES CORDEIRO, *Direito das Obrigações*, ed. 1980. 1.°, – 77, nota 76.

[41] ABÍLIO NETO/HERLANDER MARTINS, *Código Civil Anotado. Legislação complementar*, 6.ª ed. actualizada, 1987, p. 31.

[42] *Ibidem.*

Direito Natural e Princípios Gerais do Direito nos Códigos Civis 121

e princípios gerais do Direito, todos os três, designam, afinal, a feição ao mesmo tempo universal e própria do direito em causa: designam por um lado a universal sede se Justiça de todos os direitos que merecem tal nome, e, por outro, a traça original, característica, do direito de que se fala: o *genius loci* jurídico.

Transpondo esta brevíssima historia portuguesa para a análise do caso espanhol, compreendemos melhor, efectivamente, como a simples evocação da expressão princípios possa fazer pensar em Direito Natural. Por aqui já andam de há muito a ele ligados. Muito provavelmente também lá.

O código de Seabra é coerente consigo e com o seu tempo em falar em princípios de Direito Natural e não em todo o Direito Natural, que não é só feito de princípios, e, na verdade, só em medida restrita nele se pode traduzir, como dissemos. A inspiração directa no irradiante e incandescente sol do Direito Natural é difícil, arrisca--se a que o entendimento fique turbado. Por isso, o Direito Natural do individualismo liberal, representado entre nós pelo original código do visconde de Seabra, limita-se a uma relativa vulgarização (já em parte de inspiração positivista – os princípios são assim como que super-normas).

Já a constituição espanhola, se falasse em princípios, falaria de coisa algo diferente, que o conceito mudou entretanto alguma coisa....

Seja como for, é tempo de unir os fios dispersos, e provisoriamente concluir.

CAPÍTULO V
Conclusão

A Constituição portuguesa de 1976 e a Constituição espanhola de 1978, bem como os Códigos civis portugueses e o espanhol, contêm, enquanto direito positivo, referências a elementos trans-positivos, que podem identificar-se com princípios jurídicos gerais, valores e mesmo com o Direito Natural ou os seus princípios.

Em Portugal, no Código de Seabra de 1867, os princípios de Direito Natural encontravam-se explicitamente presentes; na Constituição de 1933 havia uma referência (as constituições têm destas tiradas legitimadoras) à limitação da soberania pela moral e pelo Direito; no Código Civil vigente, há uma referência à inte-gração de lacunas segundo o "espírito do sistema". No primeiro e último casos, as expressões foram por alguns interpretadas como aludindo aos "princípios gerais do Direito". No segundo, a referência à moral poderia, em teoria, e independentemente da situação concreta em que "esteve em vigor", remeter para valores.

Na Constituinte, os principais defensores da presença explícita da ideia de Estado de Direito na Constituição foram os mesmos que invocaram a importante posição anti-positivista legalista para a qual a legalidade democrática – que acabaria por se consagrar como que "em vez" do Estado de Direito (na Constituinte só a final recupe-rado, e apenas para o Preâmbulo, num período de maior acalmia revolucionária) – não é a simples conformidade formal com um pro-cesso de decisão pré-estabelecido, mas implica um conteúdo. Ora esta posição não pode deixar de remeter para a ideia de respeito por

124   *Do Direito Natural Positivo*

valores. Aliás, a própria ideia de Estado de Direito implica o Direito Natural, como ensinou José Pedro Galvão de Sousa[43].

Por outro lado ainda, a referência constitucional à necessidade de interpretação constitucional com base na Declaração Universal dos Direitos do Homem (art. 16.º, n. 2), e a norma imediatamente anterior (art. 16.º, n. 1), de abertura a direitos não apenas constitucionalmente positivados[44], dão mais peso a uma forma de presença ex-denominada do Direito Natural, o qual "conseguira" já dar entrada no texto "fundador", mesmo assim já distante do projecto do Visconde de Seabra (numa espécie de reedição, *mutatis mutandis*, do que ocorrera com o *Code Napoléon*, com o projecto de Portalis[45]).

Mas a Constituição, ao impor (entre outros, é certo), no art. 266, n.º 2, à Administração Pública os valores-princípios da Igualdade e da Justiça (embora não lhes chamando valores, mas apenas princípios) não deixa dúvidas. E fica-se claramente com a ideia de que a nossa hodierna doutrina administrativística compreende perfeitamente o valor supremo da Justiça. Ora, não desejando nós obviamente comprometer ninguém com as nossas concepções jus-

---

[43] JOSÉ PEDRO GALVÃO DE SOUSA, *Direito Natural, Direito Positivo e Estado de Direito*, São Paulo, ed. Revista dos Tribunais, 1977, p. 125-151; Idem, *O Estado de Direito e o Direito Natural,* discurso de abertura das I Jornadas Brasileiras de Direito Natural, no Salão Plenário do TACRIM-SP, em 23 de setembro de 1977, *O Estado de Direito*, actas das jornadas, São Paulo, ed, Revista dos Tribunais, 1980.

[44] Art. 16.º, n.º 1 da Constituição da República Portuguesa: "(Âmbito e sentido dos direitos fundamentais) 1. Os direitos fundamentais consagrados na Constituição não excluem quaisquer outros constantes das leis e das regras aplicáveis de direito internacional".

[45] JEAN-ETIENNE-MARIE PORTALIS, *Discours et Rapports sur le Code Civil, précédés de L'Essai sur l'utilité de la Codification de Frédéric Portalis*, Centre de Philosophie Politique et Juridique, Université de Caen, Caen, 1989. Comentando a questão, *v.g.,* BERNARD BEIGNIER, *Portalis et le Droit Naturel dans le Code Civil*, in "Revue d'Histoire des Facultés de Droit et de la Science Juridique", n.º 6, Paris, LGDJ, 1987, pp. 77 ss..

naturalistas, a verdade é que facilmente se constatará que Justiça é um dos modernos nomes do Direito Natural.

Em Espanha, há hoje razoável clareza, quer legal quer doutrinal. O Código Civil fala expressamente de princípios gerais do direito como fonte de direito, e a Constituição, apesar das propostas redutoras durante a sua gestação, e de interpretações ideológicas em excesso depois de elaborada, ostenta pela primeira vez, na história constitucional conhecida, os valores (embora com um a mais, o pluralismo político, aí presente por razões conjunturais) como fundantes de uma ordem jurídica. Falta a explicitação do Direito Natural. Claro que a unanimidade que outrora permitia que tal matéria se estudasse obrigatoriamente logo no primeiro ano das Faculdades de Direito, já se quebrou. Mas, ainda assim, e apesar de outras interpretações, o jusnaturalismo interpretativo será certamente preponderante em Espanha.

Mas importam muito menos os nomes do que as coisas, e muito menos os rótulos que as convicções. E menos ainda estas que a conduta prática.

A verdade é que num e noutro caso impera a ideia de que o direito positivo se encontra permeável a entidades supra/trans-positivas, e que no topo dessa normatividade, e superando-a, sempre, se encontra a ideia (valor, princípio, direito-natural) da Justiça. Dada esta presença real do direito trans- ou ultra- ou supra- positivo no direito positivo, poderemos sem dúvida falar de Direito Natural Positivo.

Parte V

DA JUSTIÇA NA CONSTITUIÇÃO
DA REPÚBLICA PORTUGUESA

"Que me importa a mim o código da justiça, se dentro desse código há apenas letras e não justiça?"

LEONARDO COIMBRA, *Discurso no Clube dos Fenianos do Porto, no 1.º de Dezembro de 1933*

CAPÍTULO I
Memória

Quer com constituições velhas como com constituições novas, mas sobretudo à medida que o tempo vai cobrindo com as heras da doutrina os muros do *Nomos,* que são, afinal, a vera Constituição, é preciso voltar a lê-las. Voltar a ler simplesmente as constituições, como se não existisse doutrina, e a jurisprudência estivesse ainda para nascer.

Recordo esse olhar primeiro, quando li, duas vezes a fio, a Constituição da República Portuguesa, em 1976, não tanto para preparar a cadeira de Introdução à Política, em que era estudada, e que eu frequentava, como porque a Constituição era, então, para mim – não lera os gregos nem fora ainda escrito *O Conceito Ocidental de Constituição*[46] – uma barricada contra o despotismo. Os despotismos.

Ler novamente a Constituição com esses olhos é impossível, mas creio que todos deveríamos fazer um esforço para esquecer o que sabemos e retomar a emoção de ler o texto constitucional como se fora a vez primeira. De novo não resisto a invocar uma nota autobiográfica: pessoalmente, li a Constituição antes de mais para ver se concordava com ela, e, como critério desse concordar, na ingenuidade do momento, e com as luzes que tinha, procurei antes de tudo o mais "ver se era justa". Ao ainda não estudante de Direito

---

[46] ROGÉRIO EHRHARDT SOARES, *O Conceito Ocidental de Constituição*, in "Revista de Legislação e Jurisprudência", Coimbra, nos. 3743-3744, p. 36 ss.; p. 69 ss., 1986.

que de há muito se decidira por essa via, o que importava era saber se a Constituição *era justa*. Buscava, afinal, a Justiça na Constituição.

Não o posso condenar, embora me sorria hoje desse intento. Mas o sorriso talvez seja pedante, e não deixa de ser amargo. Esse jovem idealista que eu era, ele é que tinha razão.

Como a nossa circunstância dita muito do que pensamos, e sobretudo em período de euforia revolucionária, embora algum folclorismo populista me incomodasse (o fraseado marxista nem tanto... então quase todos eram de algum modo marxistas, marxistas-qualquer-coisa-mais, pelo menos "de inspiração marxista", ou afins: como hoje serão todos mais ou menos liberais...) acabei por concluir que a Constituição era justa. Mas tal ocorreu de uma análise microscópica, artigo a artigo. Porque uma das coisas que desde logo me surpreendeu foi a ausência de desenvolvimento dos conceitos utilizados.

Ignorava eu, evidentemente, o *omnis definitio (...) periculosa est*. E de algum modo me sentia desconsolado por não contar com um par de artigos que me definissem a Justiça, a Liberdade, etc..

Não é a primeira vez que invoco as ignorâncias e as angústias dos caloiros como uma espécie de contraponto do saber sábio[47], e *principium sapientiæ* para novas aventuras do nosso conhecimento. Por isso me atrevo a começar este estudo autobiograficamente.

---

[47] Fizemo-lo já, designadamente, em *A Constituição do Crime. Da Substancial Constitucionalidade do Direito Penal*, Coimbra, Coimbra Editora, 1998, e, embora menos patentemente, em *Lições Preliminares de Filosofia do Direito*, Coimbra, Almedina, 1998.

CAPÍTULO II
Polissemia

A mim interessava-me antes de mais a Justiça. E fiquei muito contente quando, logo ao ler o Preâmbulo, deparei com a Justiça. Associada à Liberdade e à Fraternidade, não vinha a velha Igualdade[48] jacobina da revolução francesa (mesmo só a alteração do *motto* era de notar), que eu reconhecia por defeito, mas precisamente a *Justiça*. Visava-se, assim, "um país mais livre, mais justo e mais fraterno". Ora a Justiça é mais justa que a simples igualdade, que se presta a inúmeras corrupções ou simples apropriações ideológicas *pro domo*[49].

---

[48] Todavia hoje, apesar da corrupção a que se tem visto submetida a Igualdade, não nos repugna já considerar a tríade Justiça, Liberdade e Igualdade, que, como veremos, está no cerne da Constituição espanhola. Na verdade, também a Justiça e a Liberdade têm sofrido tratos de polé (criticando a liberdade liberal, *v.g.*, PLÍNIO SALGADO, *Liberdade, caminho da servidão*, http://www.geocitis.com/CapitolHill/Congress/1705/liberscr.html). O que sucede, porém, é que a nossa Constituição, nem mesmo na sua versão original, falou jamais expressamente em Igualdade. Provavelmente com as mesmas cautelas e reservas que nós tínhamos. É ainda de assinalar uma certa indecisão terminológica: no Preâmbulo fala-se em fraternidade ("país (...) mais fraterno), e no art. 1.º em solidariedade "sociedade (...) solidária". No texto subsequente falaremos quase indistintamente em Igualdade e em Solidariedade, mas mais em Solidariedade que em Igualdade, apenas por fidelidade à letra do nosso texto constitucional. Em abstracto, insistimos, preferiríamos hoje a expressão "Igualdade".

[49] Não era raro identificar-se igualdade com ideologias políticas, ainda que tal possa ser feito "por exclusão de partes". Recentemente, cf. as teses de ANTONIO COLOMER VIADEL/JOSÉ LUIS LÓPEZ GONZÁLEZ, *Programa ideológico y Eficácia Jurídica de los Derechos Sociales. El Caso de Portugal en el Derecho*

Este entusiasmo juvenil viria a ser corroborado com a leitura, depois da revisão constitucional de 1992, de algumas linhas mais adiante, já no corpo da Constituição. Assim, nos "Princípios Fundamentais", logo o art. 1.º ("República Portuguesa") deparava-se de novo com uma República "empenhada na construção de uma sociedade" que tinha aproximadamente os mesmos requisitos do país

---

Comparado, in *Perspectivas Constitucionais*, org. de JORGE MIRANDA, vol. III, Coimbra, Coimbra Editora, 1998, pp. 307-308: "El Estado capitalista se ha venido encontrando siempre con la contradicción que supone la proclamación constitucional de la igualdad jurídica y el mantenimiento de unas relaciones económicas que favorecen la desigualdad de hecho. Esta situación ha sufrido históricamente una evolución que culmina en lo que conocemos como Estado Social (…) Con todo, esa progresiva superación de la desigualdad no ha dado lugar a una desigualdad absoluta puesto que ello resultaría incompatible con la propria organización economica que subyace al Estado capitalista". Significativa, a nosso ver, é também a forma como uma das mais elaboradas obras sobre a igualdade e os princípios gerais de direito termina: "Ainsi, en ce qui concerne l'égalité, s'il est admis que sa condition fondamentale est l'objet de la revendication visant l'abolition de l'exploitation et de la domination de classe, il n'en reste pas moins que le sens de cette revendication doit être approfondi par une réflexion portant sur les formes de la démocratie dans le socialisme. Ainsi, liée à la lutte pour l'émancipation, la critique ne pourra progresser qu'en utilisant les ressources conjuguées d'une analyse scientifique des rapports de classes et d'une théorie politique révolutionnaire". Cf. PHILIPPE GÉRARD, *Droit, égalité et idéologie. Contribution à l'étude des principes généraux du droit*, Bruxelas, Facultés universitaires Saint-Louis, 1981, p. 448. Certamente por causa deste tipo de identificações é que muitas vezes se prefere falar em Solidariedade ou em Fraternidade para o lugar da Igualdade. De igual modo, são muitíssimo discutíveis (e mais preocupantes ainda no plano jurídico, ético e vivencial) algumas das novas concepções sobre a igualdade do conhecido defensor dos direitos dos animais PETER SINGER, *Practial Ethics*, Cambridge University Press, 1993, trad. port. de Cristina Beckert e Desidério Murcho, *Ética Prática*, Lx., Gradiva, 2000, máx. p. 75 ss.. Mesmo assim, não será razão para desistirmos do nome do valor: Igualdade. Solidariedade e Fraternidade parecem ser meios de procurarmos uma aproximação ao valor superior, a Igualdade. A qual não é uma relação aritmética, mas qualitativa: igual dignidade, iguais direitos, iguais oportunidades, etc.. E a confusão entre igualdade aritmética (designadamente tudo reduzindo aos bens materiais) e a igualdade qualitativa é que tem abastardado a expressão.

que o Preâmbulo visava: "livre, justa e solidária". O país mais fraterno tinha-se transformado, no corpo da Constituição, em sociedade solidária.

Mais tarde reparei na importância da formulação do actual art. 202, n.º 1 (inicialmente art. 205), que me parece, ainda hoje, ser o terceiro ponto fulcral da presença explícita da Justiça na Constituição:

> "Os tribunais são os órgãos de soberania com competência para administrar a justiça em nome do povo".

E também, mais tarde ainda, vim a meditar sobre a prescrição do art. 266, n.º 2, onde expressamente se invoca um "princípio da justiça":

> "Os órgãos e agentes administrativos estão subordinados à Constituição e à lei e devem actuar, no exercício das suas funções, com respeito pelos princípios da igualdade, da proporcionalidade, da justiça, da imparcialidade e da boa fé."

Estas justiças todas representam a mesma coisa?

Realmente, a expressão "administrar a justiça", por exemplo, pode simplesmente querer dizer "decidir dos litígios".

Na verdade, temos de *interpretar* a Constituição. Ela não nos diz o que é a Justiça, e as quatro principais vezes em que dela fala pode não estar a referir-se à mesma coisa.

Mas como interpretar conceitos desta monta e desta dificuldade?

O que nos cauciona uma interpretação meramente pessoal, subjectiva? Todas as ideias sobre Justiça são acolhíveis?

CAPÍTULO III
Hermenêutica

A questão da realização do Direito, outrora por vezes nem assumida ou representada, e concebida como simples questão interpretativa, encontra-se, em boa medida, ainda em trânsito da metodologia para a dogmática constitucional[50]. Entretanto, as teorias e as regras especificamente votadas à interpretação constitucional talvez não nos possam, no caso, servir demasiado. Parece que a hermenêutica constitucional se centra especialmente num paradigma normativo da Constituição. Explicando: concebe-se mais a Constituição enquanto norma[51] (e até *Grundnorm*[52]) ou conjunto de normas jurídicas. Ora a Justiça, integrando-se num conjunto de normativos do articulado constitucional que podem (mesmo descontando o problema de um deles ser o Preâmbulo[53]) sem dificuldade ser conside-

---

[50] Cf., por todos, e apenas entre nós, em geral, ANTÓNIO CASTANHEIRA NEVES, *Metodologia Jurídica. Problemas Fundamentais*, Coimbra, Studia Iuridica, Coimbra Editora, 1993, máx. p. 155 ss.. Na doutrina jusconstitucional, JOSÉ JOAQUIM GOMES CANOTILHO, *Direito Constitucional e Teoria da Constituição*, Coimbra, Almedina, 1998, máx. p. 1069 ss..; JORGE MIRANDA, *Manual de Direito Constitucional*, t. II. *Constituição*, 4.ª ed., Coimbra, Coimbra Editora, 2000, p. 256 ss..

[51] Cf., desde logo, EDUARDO GARCIA DE ENTERRIA, *La Constitución como norma juridica*, in "Anuario de Derecho Civil", série I, n.º 2, Madrid, Ministerio de Justicia y Consejo Superior de Investigaciones Cientificas, p. 292 ss..

[52] Obviamente em sentido inspirado no de HANS KELSEN, *Reine Rechtslehre*, trad. port. e prefácio de João Baptista Machado, *Teoria Pura do Direito*, 4.ª ed. port., Coimbra, Arménio Amado, 1976.

[53] Sobre o Preâmbulo também se estará certamente a produzir um "suave milagre" integrador, apesar de tudo. Cf. de entre as primeiras interpretações,

rados normas em sentido externo e formal, todavia não constitui em si uma norma[54]. Nem o *átomo normativo* (cunharemos, nós, juristas, alguma vez uma expressão consensual para designar tal entidade jurídica mínima?) que impõe ou indica à sociedade que a Constituição pretende criar a característica de ser "justa" poderá ser, razoavelmente entendido como tal.

É certo que a incumbência cometida aos tribunais de, em nome do povo, administrarem a justiça é claramente uma norma. Uma norma geral, generalíssima.

Mas, em qualquer dos casos, a justiça em si que é predicada ou invocada não é uma norma.

Todavia, dir-se-á que se podem interpretar as normas em que ela se insere. Naturalmente.... Mas o problema não é tão fácil quanto parece. O sentido de qualquer das normas invocadas consente níveis de leitura muito diversos. E o intérprete normalmente fica satisfeito com níveis mais elementares. Foi esse fenómeno, de clara "lei do menor esforço" sócio-linguística, que levou ao erroníssimo brocardo *in claris non fit interpretatio*. Ora, o sentido superficial de "administrar a justiça" no art. 202, n. 1 não é senão o de *ad manus trahere*, trazer em mãos, "manejar"[55], lidar com, "gerir" até. O

JORGE MIRANDA, *O Preâmbulo da Constituição*, in *Estudos sobre a Constituição*, coordenação de Jorge Miranda, I, Lx., Petrony, 1977, p. 17 ss.; J J. GOMES CANOTILHO/VITAL MOREIRA, *Constituição da República Portuguesa Anotada*, 1.ª ed., pp. 27-28. Mais recentemente, JORGE MIRANDA, *Manual de Direito Constitucional*, t. II. *Constituição*, p. 236 ss.. Cf. ainda, numa perspectiva mais mitanalítica, o nosso *Mito e Ideologias. Em torno do Preâmbulo da Constituição*, in "Vértice", Lisboa, 1988, hoje in *Pensar o Direito I. Do realismo clássico à análise mítica*, Coimbra, Almedina, 1990, p. 341 ss..

[54] É fundamental atentar na posição, quanto à normatividade, de entidades como a Justiça, expressa por GREGORIO PECES-BARBA, *Los Valores Superiores*, 1.ª reimp., Madrid, Tecnos, 1986, máx. p. 36. A questão, na doutrina espanhola, não parece todavia nada líquida. Cf., por todos, o certeiro estudo de ANDRES OLLERO TASSARA, *La Constitución: entre el Normativismo y la Axiología*, in *Derechos Humanos y Metodología Juridica*, Madrid, Centro de Estudios Constitucionales, 1989, p. 226 ss..

[55] AFONSO RODRIGUES QUEIRÓ, *Lições de Direito Administrativo*, Coimbra, 1976 (policóp.), p. 6.

número seguinte deste artigo, aliás, parece lançar luz sobre o problema, enumerando (cremos que não taxativa, mas apenas exemplificativamente – embora talvez a questão não revista interesse prático dada a generalidade abarcante de algumas das formulações) incumbências mais específicas na administração da justiça:

a) assegurar a defesa dos direitos e interesses legalmente protegidos dos cidadãos;

b) reprimir a violação da legalidade democrática;

c) dirimir os conflitos de interesses públicos e privados.

Nestes três aspectos, parece, estaria subsumida a administração da justiça.

Mas uma sociedade ou um país justos, se pressupõem uma administração justa da justiça, parece não se poderem contentar com isso. Tal utopia de perfeição judiciária não chegaria, certamente, para criar Justiça na sociedade, no país. Há até algo de contra senso nisso: uma justiça perfeita pressuporá o justo endireitar do torto, ou a prévia existência do direito? Enquanto simples justiça judiciária parece dever bastar-lhe o endireitar do torto: logo, a sociedade de uma justiça perfeita não é uma sociedade perfeita, não é uma sociedade justa.

Por isso, talvez sejamos obrigados a desde já estabelecer uma distinção. Entre o sentido de justiça institucional ou até topográfico[56] (as instituições que administram a justiça, os tribunais – enquanto órgãos e enquanto locais) e um sentido mais abrangente.

Queremos crer que no n. 1 do art. 202 não está só a ideia de "administrar justiça" como quem diz "ocupar-se dos litígios". Mas, ao invés, muito mais: *fazer Justiça*. Do que se trata é de *fazer Justiça*. Quando, numa audiência judicial, o advogado estagiário ou o advogado *ad hoc*, por falta de dados de facto ou conhecimentos de Direito, não sabem o que dizer em concreto, pedem Justiça. Não pedem que o caso vá a juízo, pois ele já lá está: pedem que seja feita Justiça.

---

[56] Para os vários sentidos principais, cf., entre nós, SEBASTIÃO CRUZ, *Direito Romano*, I, 3.ª ed., Coimbra, s/e, 1980, p. 21.

Aliás, a própria antinomia entre o respeito pela lei e o respeito pela justiça, para que a questão eventualmente poderia remeter-nos, é problema recente, datando apenas do séc. XIX. Antes desses tempos positivistas, *dizer o direito* e *prestar justiça* eram o mesmo[57], e assim também *administrar justiça* era *fazer justiça*: ou se esperava que fosse.

E é evidente que não é a clamar por tribunais que o Preâmbulo e o art. 1.º consagram constitucionalmente entre nós, pelo menos um anelo de Justiça.

Assim, do que se trata, analisando o problema do lado dos direitos, é do direito a um julgamento justo e a decisões judiciais justas[58], sem dúvida, mas também ao imperar geral da justiça na sociedade, que não é só obra dos tribunais, evidentemente.

Pois bem. Também nestes dois pontos da Constituição uma visão superficial, de primeiro grau, se contenta com a pré-compreensão amalgamada e subjectiva do conceito.

Quem desprevenidamente lê "país mais justo" ou "sociedade justa" tem a sua visão, sincrética, confusa, sobre o que tal seja.

Estas palavras são todas reconfortantes, porque, apesar de se saberem erodidas por séculos de uso e mau uso, não se encontram suficientemente desgastadas ao ponto de o seu sentido se haver por completo subvertido. Ninguém é a favor da injustiça. Todos são, portanto, a favor de uma "sociedade justa", de um "país justo". Mas o que será tal coisa?

A dimensão mítica, simbólica, ritualística da Constituição consente e até joga nesta ambiguidade[59]. Justiça, Liberdade, Fraterni-

---

[57] Cf. CHAIM PERELMAN, *Ethique et Droit*, Bruxelles, Ed. Univ. Bruxelles, 1990, p. 461.

[58] Discorrendo sobre estas questões, cf., entre nós, recentemente, ANTÓNIO PEDRO BARBAS HOMEM, *Reflexões sobre o Justo e o Injusto: A Injustiça como Limite do Direito*, Separata da "Revista da Faculdade de Direito da Universidade de Lisboa", Coimbra Editora, 1998, p. 614 ss..

[59] Cf. MARCELO NEVES, *A Constitucionalização Simbólica*, São Paulo, Editora Académica, 1994 e o nosso *Mito e Constitucionalismo. Perspectiva Conceitual e Histórica,* Separata do Suplemento ao Boletim da Faculdade de Direito

Hermenêutica

dade/Solidariedade são, de um ponto de vista ideológico e do discurso legitimador[60], uma retórica que garante adesões e levanta anti-corpos. Na medida em que uma expressão possa ser por todos os quadrantes políticos acomodada ao contexto e ao sentido que receba na respectiva ideologia, ela revela-se pacificadora e geradora de consensos. A Constituição passa a entidade totémica do grupo, da comunidade política[61].

Por isso também é que as Constituições não definem o que é Justiça...

---

de Coimbra, vol. XXXIII, Coimbra, 1990, ou, mais desenvolvidamente, a nossa *Teoria da Constituição*. I. *Mitos, Memórias, Conceitos*, Lisboa/São Paulo, Verbo, 2002, máx. pp. 23 ss., *et passim*.

[60] Cf., entre nós, as clássicas páginas de JOÃO BAPTISTA MACHADO, *Introdução ao Direito e ao discurso legitimador*, reimp., Coimbra, Almedina, 1985.

[61] V. RAÚL GUILLERMO CICHELLO, *Teoría Totémica del Derecho*, Buenos Aires, Circulo Argentino de Iusfilosofia Intensiva, 1986.

CAPÍTULO IV
Princípios

Algumas técnicas interpretativas muito simples e muito clássicas, tipo Savigny, continuam a servir de grande ajuda em problemas agudos[62]. Por isso continuam a ser tão repetidamente ensinadas pelos positivistas, que têm o grande mérito de não aceitar teorias acima do senso comum.

Aqui nos poderá valer o elemento sistemático da interpretação, embora com algumas limitações racionais ou lógicas.

Vejamos. Pondo sempre de parte o Preâmbulo, que pode dar mais problemas (apesar de ser hoje consensual a sua constitucionalidade), concentremo-nos na "sociedade…justa" do art. 1.º.

É aqui que temos também que ler, e ler atentamente: "Portugal é uma República soberana…"

Este artigo insere-se na primeira divisão após o Preâmbulo, antes da Parte I. Esta divisão chama-se "Princípios Fundamentais".

Em boa verdade, nem tudo o que nela se inclui pode ser, nem com muito boa vontade, considerado "princípio". Desde logo a descrição dos símbolos nacionais ou do território não parece ter dimensão principial, embora tenha dignidade por assim dizer "basilar".

---

[62] Ainda recentemente esse *instrumentarium* básico era recordado, precisamente a propósito da interpretação constitucional. Cf. FRANCISCO FERNÁNDEZ SEGADO, *Reflexiones en torno a la Interpretación de la Constitución*, in "Dereito. Revista Xurídica da Universidade de Santiago de Compostela", vol. 8, n.º 2, 1999, Servio de Publicaciones da Universidade de Santiago de Compostela, 2000, máx. p. 101 ss..

Um princípio é algo de diferente. Uma vez que a doutrina é bastante pobre na determinação teórica do que seja, afinal, um princípio[63], além de haver alguma confusão entre significados plurais que se escondem sob a mesma designação[64], baste-nos a noção de Dworkin, para mais com uma vantagem contra-distintiva que remete para o tipo de entidades supra-principiais de que ora curamos:

> "Chamo princípio a um standard [ou padrão] que deverá ser observado, não porque favoreça ou assegure uma situação económica, política ou social que se considera desejável, mas porque é uma exigência da justiça, da equidade ou de alguma outra dimensão da moralidade"[65].

Assim, o princípio não é a justiça ou a equidade ou outra dimensão moral, mas algo que decorre dessas entidades que nascem antes de mais na esfera moral. Não se pode, pois, confundir princípios com entes que os determinam (como a Justiça), nem retirá-los do que lhes é hierarquicamente inferior: as normas, num processo indutivo.

A hierarquia entre princípios e normas pode descrever-se através da análise do tipo de mandatos que representam: enquanto os primeiros são de optimização, os segundos são de determinação. E as questões de colisão entre normas e entre princípios são eloquentes quanto ao diverso comportamento de ambos[66].

---

[63] Em sentido semelhante, ANTÓNIO PEDRO BARBAS HOMEM, *A Utilização de Princípios na Metódica Legislativa*, Separata de "Legislação. Cadernos de Ciência de Legislação", INA, n.º 21, Março 1998, p. 94.

[64] Cf. a visão pluralista e diferenciadora de FRANCISCO CARPINTERO, *Princípios y Normas en el Derecho: una alusión intempestiva,* in "Anuario de Derecho", Universidad Austral, Buenos Aires, Abeledo-Perrot, n.º 4, 1998, p. 53 ss..

[65] RONALD DWORKIN, *Taking Rights seriously*, London, Duckworth, 1977, trad. cast. de Marta Guastavino, *Los Derechos en Serio*, Barcelona, Ariel, 1977, p. 72 (tradução nossa a partir da castelhana).

[66] Num e noutro caso, cf. ROBERT ALEXY, *El Concepto y Validez del Derecho*, trad. cast. de Jorge M. Seña, Barcelona, Gedisa, 1994, p. 162 ss..

Mas a distinção entre normas e princípios, com meridiana clareza, já se encontrava na 1.ª edição da Constituição de 76 anotada por Gomes Canotilho e Vital Moreira. Aí, além de referirem que na Constituição "avultam" de um lado princípios políticos (democrático, socialista, etc.) e princípios jurídico-constitucionais (legalidade, imparcialidade, proibição do excesso, etc. – tudo princípios que se não confundem com valores, aliás), esclarecem nomeadamente que:

> "A norma distingue-se do princípio porque contém uma instrução, um preceito ou imposição imediatamente vinculante para certo tipo de questões. Todavia, os princípios, que começam por ser a base de normas jurídicas, podem estar positivamente incorporados, transformando-se em *normas-princípio* e constituindo preceitos básicos da organização constitucional. (…)"[67]

E mais adiante:

> "Mesmo que se entenda que estes princípios, em oposição às normas, não contêm um preceito imediato, susceptível de aplicação sem intervenção do legislador ou do juiz, desempenham uma função de primordial relevo na interpretação e integração da Constituição e na criação, interpretação e integração das leis".

Um dos muito ensinamentos aqui concentradamente contidos é a de que os princípios precedem e determinam as normas.

Se propendermos, porém, para uma visão primeiramente indutiva dos princípios (embora por vezes ela teoricamente negue quer a indução quer a dedução), como é a clássica visão de um Josef Esser, então estamos a léguas de distância do que agora nos ocupa. Com efeito, embora para Esser a busca dos princípios vá beber, por um

---

[67] J. J. CANOTILHO/VITAL MOREIRA, *Constituição da República Portuguesa Anotada*, 1.ª ed., Coimbra, Coimbra Editora, 1978, p. 19.

"longo processo subterrâneo" em "zonas pré-positivas dos princípios ético-jurídicos e da convicção geral"[68], considera porém que o princípio é efectivamente fruto de um contacto real com o caso concreto, constituindo uma espécie de "eureka" da razão generalizadora motivada pela situação fáctica vivencial iluminadora. Ora nenhum dos elementos da tríade em apreço necessita minimamente de qualquer inspiração casuística.

Mesmo numa perspectiva mais teórica, sem invocar o contributo inspirador da prática, a categoria "princípios" se revela inadequada.

Mas procuremos sintetizar, analisando. Com efeito, há a nosso ver (face ao nosso presente problema) quatro tipos de princípios[69]:

a) *Princípios fundamentais, primeiros princípios* (ou princípios permanentes) de Direito, por sua própria naturezas

---

[68] JOSEF ESSER, *Grundsatz und Norm in der Richterlichen Forbildung des Privatrechts. Rechtsvergleichende Beitraege zur Rechtsquellen- und Interpretationslehre,* Tubinga, 1956, máx. p. 53 ss..; IDEM, *Vorverstaendnis und Methodenwahl in der Rechtsfindung,* 2.ª ed. 1972, p. 162 ss..

[69] JUAN VALLET DE GOYTISOLLO, *Metodologia juridica,* p. 110 limita-os a três, em certo sentido agrupando a terceira e a quarta categorias que consideramos. Obviamente são possíveis e úteis outras perspectivas, respondendo a problemas diversos. Cf., *v.g,* outra classificação, na perspectiva da sua formação ou fonte (gerais de direito, constitucionais, legais e judiciais) *in* ANTÓNIO PEDRO BARBAS HOMEM, *A Utilização de Princípios na Metódica Legislativa,* p. 98 ss.. Outra classificação ainda, com base noutro corte classificatório, é, por exemplo, a de MARC VAN HOECKE, *El Uso de Principios Juridicos no Escritos por los Tribunales,* Separata de "Doxa", n.° 19 (1996), p. 424 ss. (estruturais e ideológicos). Neste caso há uma proximidade entre indução e princípios estruturais e criação e princípios ideológicos. Finalmente – embora os exemplos pudessem acumular-se *ad libitum* – haveria que atentar também na existência dos princípios políticos e dos princípios filosóficos. Sobre estes últimos, *v.g.,* SIMONE GOYARD-FABRE, *Les principes philosophiques du droit politique moderne,* Paris, PUF, 1997. Considerando princípios da ordem social alguns dos que consideramos valores (liberdade, solidariedade, justiça), além de outros (bem comum, subsidiaridade, prioridade do trabalho e destino comum dos bens), JORGE ADAME GODDARD, *Filosofía Social para Juristas,* México, Universidad Nacional Autónoma de México / Mc Graw-Hill, 1998, p. 192 ss..

gerais, a que se chega ou imediatamente, por sindérese, ou a partir da própria ideia de Direito, ou mediante a reflexão ou especulação filosófica. São o cerne filosófico do próprio Direito. Nesse sentido se falava, no nosso Código de Seabra, de "princípios do direito natural"[70], que era dado por sinónimo de princípios gerais do direito (positivo) por alguns professores da época[71], procedimento que parece continuar na "historificação" e "tecnificação" do direito natural a que aludem alguns autores modernos[72]. Mas os princípios de que aqui curamos são fundamentalmente os *prima principia operum humanorum*, de que fala S. Tomás de Aquino[73]. O grande problema é que, tendo implicações jurídicas inegáveis, não é líquido que estes princípios – o primeiro dos quais é "deve procurar-se o bem e evitar o mal" – sejam rigorosa e autonomamente de Direito: mais sendo da lei natural, que ainda nem sequer é direito natural, mas moral.

b) *Princípios civilizacionais ou históricos* de Direito, ainda relativamente gerais, mas menos que os primeiros princípios: trata-se de princípios próprios de cada civilização, cultura ou povo, ou período histórico (num dado espaço civilizacional, cultural ou estadual). Assim se pode falar dos princípios do direito Romano, ou dos princípios da *Common Law*, ou dos princípios do direito japonês. Esta qualificação tem particular interesse em Comparação de Direitos (ou Direito Com-

---

[70] Código Civil, 1867, art. 16: "Se as questões sobre direitos e obrigações não puderem ser resolvidas, nem pelo texto da lei, nem pelo seu espírito, nem pelos casos análogos, prevenidos em outras leis, serão decididas pelos princípios do direito natural, conforme as circunstâncias do caso".

[71] Cf. o nosso *Princípios de Direito*, Porto, Rés, s.d., p. 461 ss..

[72] Parece ser o caso, por exemplo, de Eduardo García de Enterría, *Reflexiones sobre la Ley y los Principios Generales de Derecho*, reimpr., Madrid, Civitas, 1986, p. 60 ss. Afirmando significaticamente a dado passo: "Justamente esta conversión de los preceptos absolutos del Derecho natural en criterios técnicos y tecnificables es lo que se expressa en el concepto de 'principios generales del Derecho" (p. 63).

[73] Tomás de Aquino, *Summa Theologiæ*, I, 79, 13, 3.

parado) e em História do Direito, mas confunde-se ou intersecciona-se em concreto com algumas das demais, porque, comungando de uma mesma natureza humana, os homens de diferentes civilizações, culturas ou países (ou épocas – que também se poderá operar um corte cronológico: nesse sentido se falando, por exemplo, em princípios do direito alto-medieval, ou princípios do direito arcaico...) efectivamente têm primeiros princípios, princípios de ordenamento jurídico e até, por vezes, princípios de concretos institutos que podem ser comuns ou aproximar-se. Evidentemente que à medida que se caminha do geral para o particular, do natural para o cultural, as diferenças se vão evidenciando. O que muitas vezes ocorre também com estes princípios civilizacionais é que deles se fala em geral, de todos, como sistema, e não de cada um em particular. E fala-se de todos para caracterizar o génio ou a fisionomia própria da civilização, cultura, país, ou época em causa.

c) *Princípios do ordenamento jurídico* em geral, não tão fundantes como os primeiros (de índole mais filosófica), mas todavia comuns a vários ramos, ou que têm uma função jurídica geral estruturante (embora nisto se aproximando dos de d): como o princípio da boa fé[74], da legalidade, da audição das partes, do abuso do direito, do *venire contra factum proprium*, da culpa, etc.

d) *Princípios jurídicos próprios de certas instituições jurídicas* (contrato, testamento, filiação, por exemplo) ou a certo ou certos ramos do Direito (princípios de direito do trabalho, ou do direito administrativo, ou do direito da família, por exemplo). São uma espécie de vectores englobantes das ideias comuns que presidem aos referidos institutos, ou o sentido que dá substância (ou programa) às diferentes especialidades jurídicas.

---

[74] Cf., designadamente, FRANZ WIEACKER, *Zur rechtstheoretische Praezierung des § 242 BGB*, Tubinga, J. C. B. Mohr (Paul Siebeck), 1955.

Por excessiva generalidade, parece que não nos interessam, de momento, os princípios referidos nas alíneas a) e b) (embora se pudesse conceber uma lei natural impregnada de Justiça, Liberdade e Solidariedade...e certamente a lei natural é-o, mas a fórmula principial não parece muito adequada à tradição expositiva e à construção conceitual normalmente associada à lei natural). E por demasiada restrição não estamos perante o caso dos princípios acolhidos na alínea d) – pois um princípio com assento constitucional a este nível (de fundamento da Constituição) não é um "simples" princípio do direito constitucional, é um princípio de todo o Direito, e, como tal, declarado em sede constitucional.

Restar-nos-ia a categoria de princípios de c). Mas logo compreendemos que estes não têm a magnitude englobante dos entes de que tratamos. Os positivistas chegam a tentar enunciá-los por indução ou *analogia juris*[75]. E embora essa técnica sejam uma inversão metodológica e um erro ontológico, será que pode conceber-se chegar à Justiça ou à Liberdade por indução ou analogia?[76] De modo nenhum.

É certo que no senado espanhol se tentou chamar a estas entidades *princípios*, tendo o senador Camilo José Cela considerado que a expressão anteriormente proposta (como melhor veremos *infra*) seria "retórica y quiçá caduca". Todavia, como Peces Barba amplamente argumenta[77], há demasiados princípios no sentido institu-

---

[75] Referindo-o explicitamente, JUAN VALLET DE GOYTISOLLO, *Metodologia Juridica*, p. 113. Já o nosso *Introdução à Teoria do Direito*, Porto, Rés, s.d., pp. 121-122.

[76] Também não parece que se possa dizer que os princípios jurídicos sejam princípios puros, *a priori*. Para a descoberta dos princípios se exige alguma experiência, algum contacto com a *praxis*. Mas uma coisa é a descoberta dos princípios, outra a sua criação por generalização ou indução. Despertámos para a necessidade de uma visão menos substancialista dos princípios (sem que abdiquemos da negação da indução) com a leitura de JOSE MARIA MARTINEZ DORAL, *La Estructura del Conocimiento Jurídico*, Pamplona, Universidad de Navarra, 1963, p. 62 ss..

[77] GREGORIO PECES-BARBA, *Los Valores Superiores*, p. 34 ss..

cional (os nossos sentidos c e d) ao longo da Constituição espanhola (como os há na portuguesa). De todos seus argumentos a que se alude, o mais decisivos parecem ser:

a) Os valores superiores são notas definitórias do Estado (Luciano Parejo[78]);

b) Em contrapartida, os princípios como tais expressamente enunciados ao longo da constituição (por exemplo, os do art. 9., 3 da Constituição espanhola) não se referem à totalidade do ordenamento, mas apenas a aspectos parcelares, servindo para interpretar normas parcelares e não todas as normas[79]. Isto significa que os princípios estão longe dos que englobámos na alínea a), *supra*.

Damos por assente que estas realidades não são princípios. Se o fossem, um sem número de problemas se nos colocavam. Antes de mais, que tipo de princípios: *Rechtsgrundsaetze* (os chamados princípios jurídicos fundamentais de um sistema constitucional) ou *Verfassungsgestaltenden Grundentscheidungen* (princípios – políticos – constitucionalmente conformadores)? E que relevância jurídica teriam: nenhuma, indirecta (apenas subsidiária, integrativa de lacunas, etc.) ou directa e imediata (aplicáveis autonomamente)?[80]

Felizmente que estas entidades não são princípios. Mas alguns problemas (que todavia deixaremos para outro estudo) lhes são comuns: designadamente o problema da possibilidade, grau e forma de uma sua eventual aplicabilidade directa ou não. Com o não serem princípios apenas se difere um pouco para depois o impacto desse tipo de questões "práticas" ou metodológico-práticas. Todavia elas estão lá. E a tal nos referiremos ulteriormente.

---

[78] Luciano Parejo, *Estado Social y Administración Pública*, Madrid, Civitas, 1983, p. 65. Gregorio Peces-Barba, *Los Valores Superiores*, p. 38.

[79] Gregorio Peces-Barba, *Los Valores Superiores*, p. 39 ss..

[80] Uma síntese que continua válida no quadro geral que traça é a de Marcelo Rebelo de Ssousa, *Direito Constitucional*, I. *Introdução à Teoria da Constituição*, Braga, Livraria Cruz, 1979, p. 91 ss..

Temos, contudo, que fazer uma ressalva. Numa linguagem mais apressada, ou mais política que jurídica, é ainda admissível a expressão "princípios" para designar estas entidades. Mas, nesse caso, ter-se-á que pressupor que serão princípios de uma índole especial, princípios dos princípios, afinal *princípios valorativos*, como veremos.

Todavia, não concordamos com Alexy quando, partindo da "ampla coincidência estrutural" entre princípios e valores, acabe por defender que toda a colisão de valores pode ser apresentada como colisão de princípios e *vice-versa*, residindo a única diferença em que na colisão de princípios se pergunta pelo *devido*, e na de valores pelo *melhor*. Há muita verdade nesta distinção, mas ela peca, a nosso ver, por um problema de base: é que, se muitos valores jurídicos poderão também ser vistos como princípios, nem todos os princípios jurídicos têm a dignidade de valores. Por outro lado, em rigor, afigura-se-nos que há também nesta perspectiva relação entre valores e bens[81].

Por outro lado, não podemos esquecer-nos do referido art. 266, n.º 2.

Mas bem se verá que se trata de questões diversas: a Justiça actua aí como princípio, ao lado da igualdade, sem dúvida, mas também de princípios especificamente principiais (sem dimensão supra--principial) como a proporcionalidade e a imparcialidade (que realmente são aspectos da justiça), e da boa fé. Na verdade, temos dúvidas se teria valido a pena incluir a justiça e a igualdade nesta sede. Compreende-se, porém, na medida em que a Constituição continua, mesmo depois das revisões, a acusar um pendor redundante (e garantístico por acréscimos), numa proficiente ilustração do princípio *quod abundat non nocet*. E obviamente seria completamente supérflua tal inclusão, se Justiça e Igualdade figurassem expressamente como valores superiores, conformadores e iluminadores de princípios e normas.

---

[81] ROBERT ALEXY, *El Concepto y Validez del Derecho*, pp. 164-165.

O problema não é exclusivo da Justiça, como bem se vê: a igualdade é também, por vezes princípio apenas, e sempre mais que princípio[82]. Apenas a Liberdade não costuma ser invocada principialmente, senão, por exemplo, na máxima *in dubio pro libertatem...*

---

[82] Sobre o carácter principial da igualdade e seu conteúdo, cf., *v.g.*, desde logo, os primeiros Pareceres da Comissão Constitucional (Lx., Imprensa Nacional – Casa da Moeda, 1977).

CAPÍTULO V
Estrutura e elementos do art. 1.° da Constituição

Não nos esqueçamos do elemento sistemático e da importância da contextualização dos objectos a interpretar. A vizinhança de um conceito irradiante, o de "sociedade sem classes", na primeira redacção do texto constitucional, parece interessar particularmente. A fórmula mantém-se, aliás, na revisão de 1982, operando-se a mudança apenas em 1992.

Não se pode deixar de considerar pelo menos muito plausível que a "sociedade livre, justa e solidária" é uma substituição (colocando-se no mesmo nível de categorias) da anterior "sociedade sem classes", que deixou de se querer construir[83]. E é, de algum modo, o retomar da "sociedade justa e livre" a que, como tópico já, aludia, quase no fim, a declaração de voto do PPD sobre o art. 2.°.

Portanto, e com a dureza de algum positivismo interpretativo, vamos por partes:

Primeiro desejava-se que Portugal se transformasse numa sociedade nova, que era a tal "sociedade sem classes" – para uns eufemismo de comunismo, para outros uma coisa diferente... Ou várias coisas diferentes entre si.

Depois, passou-se a querer uma sociedade (não necessariamente nacional: já não é Portugal que se transforma, Portugal é uma República empenhada na construção de uma sociedade nova... que

---

[83] Apontando de algum modo para uma identificação, JORGE MIRANDA, *O Artigo 1.° e o Artigo 2.° da Constituição*, in *Estudos sobre a Constituição*, coordenação de Jorge Miranda, II, Lx., Livraria Petrony, 1978, p. 25.

pode ser, por exemplo, a europeia, ou a mundial... Desaparecida também a ideia de *via original para o socialismo*, faz sentido) cujas características deixam de ser explicitadas no campo social (pelas classes), mas por outros predicados: liberdade, justiça e solidariedade.

Então, voltamos, em círculo, à questão: o que são liberdade, justiça e solidariedade no plano constitucional? Serão princípios?

Comparando com os princípios, especificamente enunciados enquanto tais, que regem direitos e deveres fundamentais, os da universalidade e da igualdade (arts. 12.º e 13.º), ressalta que o legislador constituinte, quando fala de princípios jurídicos autonomamente recortados, e não com sentido de bases, fundamentos ou introdução (como parece fazê-lo na divisão entre o preâmbulo e a Parte I), o faz seguindo a *communis opinio* da doutrina, relacionando-os com as normas. Os princípios e as normas determinam-se reciprocamente. Primeiro estão os princípios, que são gerais, devendo as normas concretizá-los. O mesmo se diga, por exemplo, até dos princípios (mais políticos e menos jurídicos) da organização económica, enumerados no art. 80.

Mas liberdade, justiça e solidariedade estão para as normas que asseguram a liberdade, a justiça e a solidariedade numa relação de profunda distância metodológica, embora teleologicamente se encontrem muito próximos.

Sente-se imediatamente que os aludidos princípios de universalidade e igualdade estão para essa tríade (ou pelo menos para alguns elementos dela, precisamente pelo menos para a Justiça) como as normas estão para eles. Numa relação de dependência, subordinação, sequência e concretização.

Assim, temos que a Justiça parece ser um dos *princípios dos princípios*.

Relendo o texto, somos tentados a estabelecer, com base num elemento literal, uma dicotomia:

Tanto na primeira como na segunda versão há uma estrutura do texto que se mantém. Desde logo, determina-se o sujeito, o agente, o protagonista, que é Portugal. A esse agente é conferida uma autoridade especial em função da sua soberania, que lhe permite agir. A sua acção é enformada por dois elementos, em que se baseia: a dignidade da pessoa humana e a vontade popular.

Já foi criticada a ideia de um Estado baseado na dignidade. Soares Martinez afirmou, no seu comentário à Constituição:

> "Que o Estado Português, que a República Portuguesa, que a estrutura jurídico-política da Nação, assente na vontade popular, entende-se. Mas que ela se baseie na dignidade da pessoa humana já parece de entendimento mais difícil. E até de sentido duvidoso. Ao Estado, à República, cumpre respeitar, defender, a dignidade do Homem. É este um dos seus fins. Mas bases e fins não devem confundir-se"[84].

Mais do que fim, a dignidade humana é um limite da acção do Estado[85]. Talvez ele a deva promover, mas sobretudo tem é de a respeitar. Digamos que a sua promoção tem de traduzir-se sempre pelo respeito, e não por qualquer plano voluntarista de pseudo--promoção da "Humanidade", e muito menos de criação do "Homem Novo"[86]. Comenta, a tal propósito, Cardoso da Costa:

> "Na verdade, afirmar a 'dignidade da pessoa humana' é reconhecer a autonomia ética do homem, de cada homem singular e concreto, portador de uma vocação e de um destino, únicos e irrepetíveis, de realização livre e responsável, a qual

---

[84] SOARES MARTÍNEZ, *Comentários à Constituição Portuguesa de 1976*, Lx., Verbo, 1978, p. 9.

[85] Num outro sentido, cf. WILHELM VON HUMBOLDT, *Ideen zu einem Versuch, die grenzen der Wirksamkeit des Staates zu bestimmen*, trad. port., Prefácio de Rui J. Conceição Nunes, *Os Limites da Acção do Estado*, Porto, Rés, s.d.. Recensão breve *in* http://lfb.org/pp7177.html

[86] Cf., por todos, ANDRÉ RESZLER, *Mythes politiques modernes*, Paris, P.U.F., 1981.

há-de cumprir-se numa relação social (e de solidariedade comunitária) assente na igualdade radical entre todos os homens (…)"[87]

Mas prossigamos.

Depois é que vem o elemento transitivo, programático: sociedade sem classes primeiro; sociedade livre, justa e solidária, depois.

Daí que se pudesse dividir este artigo em três elementos:

a) A definição de Portugal como República soberana: isto é, simplesmente, como comunidade política independente. Sem nada ainda que diga respeito à forma republicana de governo…

b) As bases em que assenta o Estado: obviamente o respeito pela dignidade da pessoa humana (embora com formulação elíptica) e a vontade popular, isto é, a vontade soberana do povo expressa pelo voto directo, secreto, universal, etc.. A estes elementos se poderia chamar também fundamentos da república. Não é uma república autoritária e anti-democrática, que prescinda da vontade popular, mas também não é uma simples democracia técnica, que possa atentar contra a dignidade da pessoa humana (se, por exemplo, o voto assim o decidir). O fundamento da dignidade humana enforma eticamente o procedimento da vontade popular.

c) Finalmente, o elemento programático. Não há dúvida de que, na versão inicial, a "sociedade sem classes" é o grande *fim* do Estado. É um fim escatológico, de consumação dos séculos. Mas já não se pode dizer exactamente o mesmo da

---

[87] JOSÉ MANUEL M. CARDOSO DA COSTA, *O Princípio da Dignidade da Pessoa Humana na Constituição e na Jurisprudência Constitucional Portugueses*, Separata de *Direito Constitucional. Estudos em Homenagem a Manoel Gonçalves Ferreira Filho*, coord. de Sérgio Resende de Barros e Fernando Aurélio Zilveti, São Paulo, Dialética, 1999, pp. 191-192.

descrição da sociedade futura, em construção, pela forma tripartida na versão revista. Evidentemente que essa sociedade é, em alguma medida, uma paráfrase de "sociedade sem classes", pelo menos para alguns. Mesmo para os que as não identifiquem, pode falar-se de uma sociedade nova como fim. Mas liberdade, justiça e solidariedade serão fins?

CAPÍTULO VI
Fins

A Justiça não é princípio jurídico (ou constitucional) porque é demasiado vasta e inconcreta para tal, como vimos. A sua relação com a norma é de índole sensitiva, não é de índole lógica. Podemos avaliar a justiça de uma norma, mas pela sensibilidade ético-jurídica. Enquanto a relação entre princípio e norma é, antes de mais, aquilatável por uma dedução lógica. Para determinar uma norma a partir de um princípio é necessário conhecimento da situação, bom senso e lógica. Para extrair uma norma da Justiça, talvez não seja necessário formular primeiro o princípio que dela decorre, mas é requerida muita imaginação jurídica[88].

O mesmo se diga da Liberdade e da Igualdade.

Nesta matéria, a pirâmide normativa kelseniana ainda é de grande utilidade, e o normativismo lógico não desprovido de senso.

Justiça, Liberdade e Solidariedade, parecendo ser princípios dos princípios, não são princípios realmente, são mais que isso. Localizam-se numa esfera superior, da qual decorrem (por uma lógica que não é obviamente só formal) os próprios princípios.

Mas então uma solução fácil ocorre: se não são princípios, são fins.

Na verdade, a sociedade sem classes era fim. O que a substitui, fim será.

---

[88] Cf., *v.g.,* JESÚS IGNACIO MARTINEZ GARCÍA, *La Imaginación Jurídica*, Madrid, Debate, 1992.

Aí é que laboramos em erro. Nada permite dizê-lo. Pelo contrário, a mudança de contexto simbólico autoriza-nos a postular o contrário.

Na verdade, a Constituição, em 1976, comungava em grande medida ainda de uma vaga utopia socializante, mas efectivamente utópica, no sentido de construção de uma ordem realmente nova. Vivia-se, mesmo nas fileiras dos partidos mais moderados, a ideia de que se poderia romper com o passado e que o socialismo, mesmo se "em liberdade", mesmo pela via da "social-democracia", era um novo mundo. Muitos sonhavam efectivamente com o mito da cidade ideal[89].

Ora a passagem da democracia como sociedade perfeita à democracia como perfectibilidade permanente[90], a descida do céu dos conceitos da utopia à seiva permanente de utopismo, pode explicar o trânsito que efectivamente se deu na sociedade portuguesa, na constituição material em sentido sociológico. E assim, a revisão constitucional não fez senão dar expressão ao que já se encontrava consumado na mutação social entretanto verificada.

A "sociedade sem classes", que teria começado por ser o fim dos tempos[91], aproximar-se-ia agora do reino dos fins?[92]

Seja como for, a sociedade "livre, justa e solidária" não é uma pura tradução eufemística da "sociedade sem classes", uma pretensa

---

[89] Cf. ROGER MUCCHIELLI, *Le Mythe de la cité idéale*, Brionne, Gérard Monfort, 1960 (reimp. Paris, P.U.F., 1980).

[90] Cf., sobre estes conceitos, ANTÓNIO BARBOSA DE MELO, *Democracia e Utopia (Reflexões)*, Porto, dist. Almedina, 1980.

[91] Não, obviamente (até pelo anacronismo que tal constituiria) nos sentidos de FRANCIS FUKUYAMA, *The End of History and the last Man.*, trad. port. de Maria Goes, *O Fim da História e o Último Homem*, Lx., Gradiva, 1992, ou de JEAN BAUDRILLARD, *L'Illusion de la fin ou la grève des évènements*, Paris, Galilée, 1992, trad. port de Manuela Torres, *A Ilusão do Fim ou a Greve dos Acontecimentos*, Lx., Terramar, 1995.

[92] Cf., sobre o "reino dos fins", entre nós, *v.g.*, MÁRIO BIGOTTE CHORÃO, *Reabilitação do 'Reino dos Fins' e defesa da Razão Prática*, separata de "O Direito", ano 121.°, I, p. 225 ss..

des-marxização do texto somente. Corresponde a outra ideia: não de utopia acabada – sociedade sem classes, *ponto final*; mas de contínuo constituir-se. Para mais, tem no Preâmbulo, sempre intocado, um lugar paralelo de gradualismo e de sã incompletude: "país mais livre, mais justo e mais fraterno" (pois nada obriga a que se fique por um país apenas melhor que aquele de que se partiu: mais liberdade, mais justiça e mais fraternidade podem e deverão ser ideias e ideais de sempre).

Reconhecemos, todavia, que a expressão "construção de uma sociedade…" não abona a nossa tese. Mas provavelmente era necessária ainda essa ambiguidade para evitar a ruptura.

Por outro lado, caberia reflectir um pouco mais sobre a ideia de fins… mas não é evidentemente este o momento para o fazer.

Justiça, Liberdade, Solidariedade não são então nem princípios (basicamente porque distantes das normas) nem fins (porque não são absolutos em si mesmos, e a sociedade em que se pensa coexistirem já não é uma utopia fechada).

É, aliás, na medida em que identifica a Justiça (social) com um fim determinado, um absoluto utópico, que Bertrand de Jouvenel conclui pela sua impossibilidade, considerando-a todavia possível na medida a que se atenha a "um espírito de justiça": afinal a nossa *constans et perpetua voluntas*:

> "Le règne de la Justice est impossible, conçu comme la coincidence établie et continuellement maintenue de l'arrangement social avec une vue de l'esprit. Le règne de la Justice est possible dans la mesure où l'esprit de justice préside à toute décision impliquant un partage"[93].

---

[93] BERTRAND DE JOUVENEL, *De la Souveraineté. A la recherche du bien politique*, Paris, Génin, Librairie de Médicis, 1955, p. 212. Comentando o capítulo em que se insere este passo, ARNAUD PELISSIER TANON/JOSÉ MANUEL MOREIRA, *Será a Justiça Social Possível? Apresentação de 'De la Justice' de Bertrand de Jouvenel*, Separata de "Humanística e Teologia", 21, 2000, p. 24 ss..

Uma precisão final se impõe. Há, evidentemente, outras formas de entender os fins. Contudo, no contexto em que nos encontramos, a adoptada pareceu-nos a mais corrente. Se entendêssemos fins no seio do filosófico princípio da finalidade[94], teríamos de concluir, como os escolásticos, que a causa final é *id cujus gratia aliquid fit*, e assim também *omne agens agit propter finem*: daí seria um passo para considerarmos fins a Justiça e suas companheiras. Pelo menos na medida em que o homem-agente para elas se encaminhe ou as busque.

Por outro lado, será legítimo afirmar, mas apenas no seio de uma teoria dos fins ou teleologia (embora já não numa escatologia laica, utópica), que

> "fim não é senão um valor enquanto racionalmente reconhecido como motivo de conduta"[95].

---

[94] Cf., por todos, JACQUES MARITAIN, *Sept leçons sur l'être et les principes de la raison spéculative*, trad. br. de Nicolás Nyimi Campanário, *Sete Lições sobre o Ser e os Primeiros Princípios da Razão Especulativa*, S. Paulo, Edições Loyola, 1996, p. 108 ss..

[95] MIGUEL REALE, *Filosofia do Direito*, 19.ª ed., São Paulo, Saraiva, 1999, p. 191.

CAPÍTULO VII
Virtudes

Que podem ser então estas entidades? Evidentemente que a Justiça, mas já não a Liberdade, e só com alguma tradução a Solidariedade ou a Fraternidade (e não a Igualdade), é também, classicamente, uma virtude. Uma virtude cardeal, discutindo-se se é a primeira de entre todas, se a primazia vai para a Prudência. Mas esse caminho, sem dúvida fascinante, não pode ser o nosso agora[96].

---

[96] Veremos *infra* que a indagação das virtudes parece ser, afinal, mais característica de um outro tempo...e é colocada numa outra perspectiva: sobretudo moral. Ora o nosso presente intuito é mais ético-jurídico. Todavia, é uma perspectiva enriquecedora, numa outra clave. V., entre nós, a síntese de MÁRIO BIGOTTE CHORÃO, *Introdução ao Direito, I. O Conceito de Direito*, Coimbra, Almedina, 1989, p. 75 ss., que considera a justiça nas suas várias perspectivas de fim, valor e virtude. E ainda Idem, *Temas Fundamentais de Direito*, Coimbra, Almedina, 1986, p. 65 ss., máx. 72 ss.. Preferindo a perspectiva da Justiça como virtude, BERNARDINO MONTEJANO (H.), *Ideologia, Racionalismo y Realidad*, Buenos Aires, Abeledo-Perrot, 1981, p. 240 ss.. Para um enquadramento geral, JOSEF PIEPER, *Las Virtudes Fundamentales*, 4.ª ed. cast., Madrid, Rialp, 1990; PETER T. GEACH, *The Virtues*, Cambridge, Cambridge University Press, 1977, trad. cast. e apresentação de Jorge V. Arregui e Carlos Rodríguez Luesma, *Las Virtudes*, Pamplona, EUNSA, 1993; ANDRÉ COMTE-SPONVILLE, *Petit Traité des Grandes Vertues*, Paris, P.U.F., 1995, trad. port. de Maria Bragança, *Pequeno Tratado das Grandes Virtudes*, Lx., Presença, 1995; JEAN GTON/JEAN JACQUES ANTIER, *Le livre de la sagesse et de vertues retrouvées*, Paris, Perrin, 1998, trad. port. de Francisco Custódio Marques, *O Livro as Sabedoria e das Virtudes Reencontradas*, Lx., Editorial Notícias, 1999; ALAIN, "Les quatre vertues", de 13 de Janeiro de 1935, in *Propos*, I, texto estabelecido e apresentado por Maurice Savin, prefácio de André Maurois, Paris, Gallimard, 1956; PAUL VALÉRY, "Rapport sur les prix de vertu", in *Œuvres*, I, ed. estabelecida e anotada por Jean Hytier, Paris,

Porque nós, além do mais, queremos é encontrar uma categoria em que caibam as nossas três graças constitucionais (e eventualmente mais...), em que caibam todas as três.

Ora não é a Justiça enquanto virtude que nos importa. O que é, aliás, óbvio: porque estamos a falar de predicados de uma sociedade, e não de atributos da pessoa. Uma pessoa pode ser justa, ser *um justo*, possuir ou praticar a virtude da justiça. Mas como possui ou pratica a justiça toda uma sociedade?

Não iremos refazer o caminho de Platão na *República*, evidentemente. Todavia, há um vasto terreno de contacto e analogia entre a investigação das virtudes e a demanda que ora nos ocupa.

Gallimard, 1957; ALASDAIR MACINTYRE, *After Virtue. A Study in Moral Theory*; reed., Londres, Duchworth, 1985; Idem, *A Short History of Ethics*, 9.ª reimp., Routledge, 1993. Uma interessante ligação entre valor e virtude *in* LUZ GARCIA ALONSO, *Naturaleza de los Valores*, in "Espiritu", ano XLIX, 2000, n.º 122, p. 230.

CAPÍTULO VIII
Bens Jurídicos

Justiça, Liberdade e Solidariedade também não são bens jurídicos, pois transcendem os concretos bens jurídicos até agora identificados, para mais hoje pulverizados por ramos de direito (embora seja quiçá no direito penal que mais prosperam).

Por outro lado, a ideia de bem jurídico, em geral, é alvo de grande "confusionismo", e mesmo no âmbito do direito penal pode prestar-se a complicações sem fim, sobretudo quando se opõem bens entre si[97].

Mesmo procurando arrimo estritamente filosófico, a ideia que resulta, em síntese, de uma tal indagação é a de que para além do "bem" do bem, há algo de melhor, de mais profundo, ou que é *o preferível*. Todo esse preferível é, evidentemente, um bem, no plano axiológico. Mas transcende-o, universaliza-o[98].

Ora há efectivamente algo do bem jurídico, embora mais alto e mais nobre, nesta tríade. O que será? O que é valioso mas transcendente como estes três elementos?

---

[97] RAFAEL DOMINGO, *Confusionismo Jurídico, hoy*, in "Persona y Derecho. Revista de Fundamentación de las Instituciones Jurídicas y de Derechos Humanos", vol. 30, 1994, p. 118 ss.. Clarificando a noção, recentemente, FRANCISCO CARPINTERO BENÍTEZ, "Los Bienes Jurídicos", in *Manual de Filosofía del Derecho*, coord. FRANCISCO PUY MUÑOZ/ÁNGELES LÓPEZ MORENO, Madrid, Colex, 2000, p. 247 ss.. V. ainda ÁNGELES LÓPEZ MORENO, "Valor del bien. El valor del Derecho y los Valores del Derecho. Bienes del Derecho", *ibidem*, p. 345 ss..

[98] Mais profunda indagação pode colher-se em LUZ GARCIA ALONSO, *Naturaleza de los Valores*, máx. p. 222 ss..

As coisas que têm valor, que são valiosas, são bens. São os valores que determinam o "bem" nos bens, neles "encarnam", mas não se identificam com eles[99]. Os bens jurídicos são coisas que se devem defender, coisas que valem. Mas os valores é que lhes emprestam a luz para que possamos ver que elas valem.

---

[99] Neste preciso sentido, cf., nomeadamente, a excelente síntese de JULIAN MARIAS, *Historia de la Filosofia*, 4.ª ed., Madrid, Revista de Occidente, 1948, p. 388.

CAPÍTULO IX
Ideologias e Utopias[100]

O que é sobremaneira valioso é um valor. Poder-se-ia com simplismo afirmar que se tem aceitação social, é um valor social, socialmente enraizado, ou com curso social. Se se encontra apenas associado à compleição axiológica de uma pessoa, é um valor pessoal. Em todo o caso, um valor é – quase tautologicamente o reafirmamos – algo de valioso.

Mas dizer-se que os valores valem, que são valiosos, pode ainda dar a ideia de demasiada subjectividade, ainda que subjectividade social[101]. Os valores *valem* e *são* (cremos encontrar-se hoje superada a fuga ao ontológico na teoria dos valores) enquanto entidades que nos remetem para o dever, que são fundamentos dos deveres[102]. E, como tais, não podem ser subjectivos. O valor não o é por ser estimado, por agradável ou desejável, mas porque é algo de valioso em si.

Chegados a este ponto, recapitulemos, então.

Justiça, Liberdade e Solidariedade não são princípios, pois, entre outras razões, delas não decorrem imediatamente regras, são superiores aos princípios, que inspiram.

---

[100] Relacionando estas categories, KARL MANHEIM, *Ideologie und Utopie*, Bona, 1930, trad. br., *Ideologia e Utopia*, 4.ª ed. bras, Rio de Janeiro, Editora Guanabara, 1986; PAUL RICOEUR, *Lectures on Ideology and Utopia*, ed. por George Taylor, New York, Columbia Univ. Press, 1986, trad. port. de Teresa Louro Perez, *Ideologia e Utopia*, Lisboa, edições 70, 1991.

[101] Cf. MARTIN HEIDEGGER, *Einfuehrung in die Metaphysik*, IV, 4.

[102] MARTIN HEIDEGGER, *Einfuehrung in die Metaphysik*, IV, 4.

Também não são simples bens, de valor ainda não transcendente (a vida é um preciosíssimo bem, talvez o maior deles – talvez conjuntamente com a honra ou a dignidade –, mas pela Justiça, pela Liberdade ou pela Solidariedade pode ser, em certas circunstâncias, sacrificada).

Não são de igual sorte fins escatológicos ou utópicos, até porque é de sua própria natureza uma situação de alguma tensão com a sua negação. Na verdade, a Justiça afirma-se normalmente contra a injustiça, ainda que residual, a liberdade contra a opressão e o arbítrio (daí o dizer-se que só se conhece a libertação[103]), e a solidariedade pressupõe alguém a quem estender a mão. Em conclusão: nunca convivem com um mundo utopicamente perfeito, nunca estão acabadas.

Falta-lhes a concretização generalista dos princípios, a (ao menos relativa) reificação dos bens, e todavia não possuem a simultânea evanescência e solidez dos fins utópicos. Justiça, Liberdade e Solidariedade enformam princípios que geram normas que protegem bens. Eventualmente com alguma inspiração de ou tendendo para fins.

Mas o que está por detrás de tudo? Ideologias? Não. As ideologias são sistemas que partem de filosofias para criar princípios ou argumentos políticos. As ideologias estão para a *praxis* política algo como os princípios estão para as normas.

Também se não trata de utopias. Estas encontram-se do lado dos fins. Os fins é que desembocam (ou desembocariam) nas utopias.

---

[103] Todavia, a melhor caracterização da Liberdade, em geral, ainda nos parece ser a de propiciar que cada ente seja o que é, traduzindo-se, pois, num "deixar ser" dos entes. Não apenas um permitir agir, mas um propiciar do reencontro de cada um consigo. Afinal, num *tornar-se no que é*, como diria Píndaro. Cf. HEIDEGGER, "Das Wesen der Freiheit", in *Vom Wesen der Wahrheit*, 4. Afirmando nomeadamente: "Die Freiheit zum Offenbaren eines Offenen laesst das jeweilige Seiende das Seiende sein, das es ist. Freiheit enthuellt sich jetzt als Seinlassen von Seiendem".

CAPÍTULO X
Valores. Esboço de caracterização

Heidegger recorda, ao finalisar a sua *Introdução à Metafisica*, que em 1928 aparecera a primeira parte de uma bibliografia geral do conceito de valor, comportando nada menos que 661 títulos. Escreve em 1935, estimando que então deveria haver já uns mil títulos. Que se poderá, no nosso limite de páginas, e depois de tanta água corrida sob as pontes da Filosofia, ainda dizer sobre o assunto, ou dizer de satisfatório a seu propósito?[104] Talvez, e algo classicamente, se possa ainda fazer um esboço de caracterização dos valores por *itens*, e dizer que

a) são especificamente *humanos*, já que implicam consciência e capacidade de escolha.

b) são o que dá a *medida*.

c) são *ideais*, ou melhor, qualidades idealizadas (Marías diz "irreais", mas preferimos a ideia de idealidade), jamais se esgotando num dado (e daí a sua *inexauribilidade*).

d) são (bi-)*polares*: Justiça/injustiça; Igualdade/desigualdade, etc..

---

[104] Seguem-se apenas alguns traços caracterizadores muito elementares, recordando o aludido passo de Heidegger e directamente inspirados nas sínteses de Julian Marias, *Historia de la Filosofia*, p. 387 ss. e de Luz Garcia Alonso, *Naturaleza de los Valores*, e particularmente na perspectiva de Miguel Reale, *Filosofia do Direito*, p. 187 ss., num eclectismo voluntário que, obviamente, não deseja comprometer as respectivas fontes, mas é cioso do respeito pelo *suum cuique*.

e) têm uma *hierarquia*. São, pelo menos, susceptíveis de uma "gradação preferencial hierárquica". Por exemplo: primeiro bondade, depois beleza, finalmente elegância. No nosso caso, a Justiça sobrepõe-se em valor às suas demais companheiras. Há, porém, um conto de António Botto muito eloquente acerca desta questão, mas com diversa hierarquia.

f) possuem cada um (cada valor possui) um *conteúdo específico*, próprio.

g) *implicam-se reciprocamente*: o que está aliás bem patente na tríade Justiça, Liberdade e Igualdade.

h) são *insusceptíveis de quantificação*. Reale dá um exemplo no âmbito dos valores estéticos, aliás muito significativo: "Não podemos dizer que o Davi de Miguel Ângelo valha cinco ou dez vezes mais que o Davi de Bernini"[105]. Mas pelo exemplo se demonstra também que os valores têm hierarquia, porque a primeira obra, é, esteticamente, embora sem medida numérica, muito mais conseguida que a segunda.

i) são dotados de *sentido* ou *referibilidade*. Os valores valem para alguém, e por isso determinam a conduta, implicam opções, tomadas de posição.

j) são dotados de *preferibilidade*: valem "mais" que o não valor (aliás: os valores valem, os não valores não valem, e os anti-valores "anti-valem"), e por isso é que os valores podem ser elegidos como fins, como havíamos referido já.

k) são *objectivos,* na medida em que se revelam no real independentemente dos sujeitos (embora passem por eles) e, pela sua *preferibilidade* se impõem à apreensão e compreensão dos espíritos não embotados eticamente. Mas, como veremos *infra*, esta objectividade não é manifestação de um absoluto sempiterno em todas as suas dimensões, antes vive na *História*.

l) são *cognoscíveis* e não esotéricos, embora precisem de ser investigados, *e re-conhecidos*. Para os platónicos, seriam

---

[105] MIGUEL REALE, *Filosofia do Direito*, p. 187.

reconhecidos por intuição imediata e directa, dado serem existentes e subsistentes por si próprios; para os nominalistas seriam meros artefactos humanos, pelo que também facilmente identificáveis. Para o realismo moderado, de raiz aristotélica, mesmo os valores naturais coenvolvem a participação humana, o que nos remete novamente para a sua dimensão temporal e mundanal[106].

m) encontram-se dotados de *historicidade, pois*. Não só, como diz Heidegger, "a História não é senão *realização de valores*", como os valores só existem na história. Sendo esta uma caminhada de descoberta e aperfeiçoamento da sensibilidade axiológica do Homem. Daí que a *objectividade* dos valores seja *relativa*, na medida em que, se há valores cujo núcleo essencial (o espírito essencial) não muda, como a aspiração à Justiça, à Igualdade, à Liberdade, todavia o conteúdo dessas aspirações é histórico. E, como tal, não é arbitrário, relativo ou reversível, mas narrativo, aquisitivo e irreversível: os valores vão-se descobrindo e conquistando. A escravatura, por exemplo, ou a discriminação racial, jamais poderão voltar a ser consideradas compatíveis com os valores éticos e jurídicos não só da nossa civilização como da Humanidade.

n) *podem não ser apreendidos*. Há uma possibilidade de cegueira a valores. Uma das razões para tanto é o embotamento da consciência[107]. Mas a falta de representação dos valores, a insensibilidade ou cegueira aos valores em nada afecta a sua auto-subsistência. Implica é problemas de vivência pessoal e social dos mesmos.

o) são *realizáveis*, podem afirmar-se no real, manifestam-se nele, não sendo pura especulação ou quimera. Todavia, a sua realização nunca é plena, porque é da sua natureza a superação do real, que se encerra no seu carácter de *idealidade*,

---

[106] Cf. Luz Garcia Alonso, *Naturaleza de los Valores*, p. 227.

[107] Cf. sobre este problema, *v.g.*, Rafael Gómez Perez, *Deontología Jurídica*, Pamplona, EUNSA, 1982.

já referido. E esta incompletude, própria também da sua historicidade, conduz-nos à característica seguinte:

p) são *inexauríveis*, por consequência, na medida em que jamais se cumprem integralmente. A tríade em apreço claramente comunga desta característica.

q) são *fundamento* dos deveres. Dos deveres éticos e também dos deveres jurídicos, e, obviamente, fundamento ainda de princípios e normas que os consagram, conjuntamente com os direitos.

CAPÍTULO XI
Valores. Referência ao argumento comparatístico

Os argumentos filosóficos são, de sua própria natureza, sempre susceptíveis de profunda querela[108]. Assim, se suspendermos o juízo filosófico e voltarmos (até *brevitatis causa*) ao nosso pequeno arsenal do passado hermenêutico, poderemos convocar o argumento sistemático de lugar paralelo, embora com alguma audácia. No domínio do Direito Comparado, mais propriamente chamado comparação de direitos, logo se nos depara, na Constituição espanhola, no seu artigo inicial, 1.1., a declaração da Justiça de entre os "valores superiores". Não sendo este o lugar para um aprofundamento comparatístico (que já empreendemos *supra*, na Parte IV), sempre se deverá invocar o peso desta qualificação explícita numa Constituição que, segundo a voz corrente e inegáveis traços históricos, teve a nossa constituição entre as suas fontes.

---

[108] Cf., para mais aprofundamentos, de entre inumeráveis, o clássico ANDRÉ LALANDE, *Vocabulaire Technique et Critique de la Philosophie*, Paris, P.U.F., trad. port. coord. por António Manuel Magalhães, *Vocabulário — técnico e crítico — da Filosofia*, Porto, Rés, s.d., 2 vols., p. 687 ss.. No plano mais jurídico, embora com abundante fundamentação filosófica e abonação bibliográfica extensa, os capítulos sobre estimativa de ÁNGELES LÓPEZ MORENO, *Manual de Filosofía del Derecho*, coord. FRANCISCO PUY MUÑOZ/ÁNGELES LÓPEZ MORENO, p. 283 ss. Uma reflexão comportando algum diálogo com este estudo fundamental, motivará um futuro trabalho nosso, pelo que nos permitimos para aí remeter. Evidentemente, não se ignora que vivemos em tempo de relativismo e de crise, ou anarquia de valores. Cf., recentemente, *v.g.*, ANTÓNIO JOSÉ DE BRITO, "Relativismo e Direito", in *Valor e Realidade*, Lx., Imprensa Nacional-Casa da Moeda, 1999, p. 11 ss.; PAUL VALADIER, *L'Anarchie des valeurs*, Paris, Albin Michel, 1997, trad. port. de Cristina Furtado Coelho, *A Anarquia dos Valores. Será o relativismo Fatal?*, Lx., Instituto Piaget, 1998.

CAPÍTULO XII
A Justiça como valor superior

A convocação da história constitucional espanhola recente permite-nos o que não tínhamos podido até agora fazer: ao mesmo tempo integrar a Justiça com a Liberdade e a dimensão igualitária, fraterna, ou solidária numa mesma categoria (a dos valores) e simultaneamente destacá-la das demais. A Justiça é, a este nível, efectivamente um valor, mas um valor superior. Mais: a Justiça é *o valor superior*.

Não compreendemos, efectivamente, como o senador Camilo José Cela tenha podido considerar a expressão valores, naquele contexto, como "retórica y quiçá caduca"[109]…

Há uma ligação profunda, umbilical, entre Justiça e Direito, e por isso mesmo, entre Justiça e Constituição. Não podia, aliás, deixar de ser assim. O não reconhecimento de tal vinculação de base redundaria, no limite, na não juridicidade da Constituição (que ignorando a juridicidade e a Justiça como principal valor seria mero instrumento do poder). Sendo a Constituição (digamos quase ritualisticamente, *brevitatis causa*) o *estatuto jurídico do político*, negaria a sua dimensão essencial de estatuto jurídico se prescindisse do elemento de autonomização axiológica, por cujo crivo passa a torrente manancial do político. É o valor superior Justiça o critério e filtro regulador da presença da política no Direito Constitucional. Sendo a Constituição a norma das normas[110], além do mais reposi-

---

[109] *Apud* Gregorio Peces-Barba, *Los Valores Superiores*, p. 34.

[110] Sobre o problema da supremacia da Constituição, cf. Nelson Saldanha, *Formação da Teoria Constitucional*, 2.ª ed., actualizada e ampliada, 2000, p. 135 ss.. Cf. também Antonio Carlos Pereira Menaut, *Op. loc. Cit.*.

tório das *têtes de chapitre* de múltiplos ramos do Direito, e sendo o Direito a manifestação sensível da Justiça, seria incompreensível que a Constituição não se fundasse, antes de todos, no valor da Justiça.

Mas, objectar-nos-á a eterna crítica: afinal, que Justiça? A tua? A dele? A minha? A dela? Que Justiça? O que é justo para *mim* pode ser injusto para *ti*...

Não é bem assim... A Justiça é um valor cujo conteúdo, cujo sentido, cujo alcance, é, antes de mais, evidentemente, o de um tópico preciosíssimo contra o que se pense que é injustiça, seja lá o que for[111]. Aliás, a justiça vê-se sobretudo por contraste: a injustiça parece vir primeiro[112]. Mas dizer apenas isto seria levar água ao moinho do relativismo, de igual modo. Todavia, há a assinalar que os valores são simultaneamente universais e relativos. Mas deixemos a questão por ora[113].

Caminhemos um pouco mais, e adaptemos *pro domo* algumas ideias de Peces Barba. Há um património cultural histórico sobre o que seja Justiça. É na linha sinuosa mas firme que, de pensador em pensador, retomou essa chama sagrada, é nessa linha que devemos procurar. É nessas fontes que devemos ir beber. Essa é a luz que deve iluminar o nosso próprio caminho.

A tua e a minha subjectividade exercem-se a este propósito com o lastro relativamente escasso das nossas vivências, das nossas leituras... Mas para bem compreender o que é a Justiça é preciso entrar de novo no grande diálogo dos séculos, é preciso compreender os seus significados ao longo do tempo. E depois não se trata de

---

[111] Cf., em sentido idêntico, FRANCISCO PUY, *Tópica Jurídica*, Santiago de Compostela, Imprenta Paredes, 1984, p. 381 ss..

[112] Cf., *v.g.*, I Tim. I, 9. JEAN-MARC TRIGEAUD, *La Tradizione Classica del diritto Naturale e il suo Superamento Personalistico*, in "Iustitia", Roma, Giuffrè, ano XLIV, Abril-Junho 1991, p. 100; Idem, *Introduction à la Philosophie du Droit*, Bordeaux, Biere, 1992, p. 62. Ulteriormente, MARIE-ANNE FRISON-ROCHE/ /WILLIAM BARANÈS (dir.), *De l'Injuste au Juste*, Paris, Dalloz, 1997.

[113] Para maiores aprofundamentos, cf. FRANCISCO PUY, *Sobre la antinomia universalidad-relativismo*, «Anuario de Filosofia del Derecho», Nova época, Madrid, tomo XI, 1994, p. 75 ss..

traçar um máximo denominador comum, ou de escolher, do imenso catálogo, o que nos parece melhor. Não. A Justiça é tudo o que foi dito e pensado sobre ela. Talvez daí devamos excluir algumas tontices que sobre ela se disseram também, mas provavelmente nem sequer essas, porque o erro esclarece a verdade.

Por isso, uma vez chegados à conclusão de que a Justiça é, pelo menos à luz da história jurídica comparada, antes de tudo e sobretudo antes dos jogos partidários, o valor superior – e digamo-lo sem complexos de qualquer tipo –, o que se impõe a seguir é persegui-la nas suas metamorfoses, para adquirir a sabedoria de a aplicar.

Porque – e isso é muito importante – todos os preceitos constitucionais foram feitos para poderem ser aplicados. E (respondemos agora a um problema agudo) um dia poderá ter de se criar Direito com a utilização directa do valor[114]. Face até a princípios, ou normas (embora seja difícil encarar uma cabal antinomia de um valor face a um sistema de princípios que já decorrem de valores). Ora criar Direito a partir de um valor não é coisa que possa ser feita levianamente nem de forma simples: requer uma agudeza ética profunda, uma prudência sem vacilações, e uma vastíssima erudição. Por isso, como o mais simples ainda é exercitar esta última, sempre recomendámos o estudo dos clássicos. Mas não chega, são necessárias a virtude e a visão.

Mas nem será preciso ir tão longe: no âmbito da nossa recente doutrina administrativística já se havia chegado à ideia de uma Justiça ligada aos valores.

Freitas do Amaral, ainda antes da aprovação do Código do Procedimento Administrativo (que viria a reforçar tais pontos de vista), considerando que "o problema filosófico do conceito de justiça transforma-se, assim, num problema jurídico"[115] concebe a Justiça

---

[114] Cf., todavia, no caso espanhol, MILAGROS OTERO PARGA, *Valores Constitucionales. Introducción a la Filosofía del Derecho: axiologia jurídica*, Santiago de Compostela, Universidade de Santiago de Compostela, 1999, p. 25.

[115] DIOGO FREITAS DO AMARAL, *Direitos Fundamentais dos Administrados*, in *Nos dez anos da Constituição*, org. de JORGE MIRANDA, Lx., Imprensa Nacional – Casa da Moeda, 1986, p. 19.

como "o valor jurídico supremo"[116], e entende que do art. 266.°, n.° 2 decorre o dever de a Administração Pública "actuar com justiça. Se o não fizer, se não actuar com justiça, a Administração estará a violar a Constituição."[117]

Além disso, conclui muito significativamente que "em princípio é ilegal o acto administrativo injusto"[118]. O que tem, evidentemente, importantíssimas consequências.

Para Marcelo Rebelo de Sousa, a Justiça é identificada "com o conjunto dos valores superiores constitucionalmente consagrados"[119]. Embora seja uma fórmula com contornos algo diversos da de uma Justiça como valor superior de entre os valores superiores, trata-se de uma visão também muito relevante.

Não parece haver dúvidas que a proeminência do valor Justiça é tão grande, e a relação entre os valores tão íntima, que se pode sem dificuldade falar de Justiça como uma espécie de síntese dos valores. Porém, se essa perspectiva nos parece operatória em Direito Administrativo, designadamente atentas as formulações legais em vigor, aliás felizes, já numa perspectiva filosófico-constitucional parecerá preferível manter a ideia de pluralidade de valores jurídicos, com a supremacia da Justiça. Nesse sentido afirma António Braz Teixeira, numa síntese que equaciona harmonicamente as diversas possibilidades de classificação da Justiça:

> "Se a Justiça é o princípio ontológico do Direito, o valor que o fundamenta e o ideal que ele visa realizar, não é, no entanto, o único valor ou o único fim que o Direito serve ou procura tornar efectivo.
>
> Assim, é corrente atribuir-lhe outros fins ou indicar outros valores como jurídicos. É o que acontece com a ordem, a paz,

---

[116] DIOGO FREITAS DO AMARAL, *Direitos Fundamentais dos Administrados*, p. 19.

[117] *Ibid.*, p. 18.

[118] *Ibid.*, p. 20.

[119] MARCELO REBELO DE SOUSA, *Lições de Direito Administrativo*, Lx., Pedro Ferreira, 1995, p. 144.

a liberdade, o respeito pela personalidade individual, a solidariedade ou a cooperação social e a segurança como fins do Direito ou como valores jurídicos que coexistem com a Justiça no firmamento axiológico do Direito (…)"[120]

A nossa Constituição tem a virtualidade de, embora não muito explicitamente, é certo, seleccionar os valores mais importantes. E por isso a articulação entre a Justiça e os demais valores é possível, como também é possível uma sua (e de todo o ordenamento normativo, de que é cabeça) interpretação *jurídica* e não "espiritual", esta última "ancorada numa constelação de valores acima e fora da própria Constituição"[121]. Uma vez que os valores superiores, da Constituição material, residem na própria Constituição formal, esse problema deixa, a nosso ver, de se colocar. Pelo menos atenua-se consideravelmente.

---

[120] ANTÓNIO BRAZ TEIXEIRA, *Sentido e Valor do Direito. Introdução à Filosofia Jurídica*, 2.ª ed., Lisboa, Imprensa Nacional-Casa da Moeda, 2000, p. 288.

[121] Cf. GOMES CANOTILHO/VITAL MOREIRA, *Constituição da República Portuguesa Anotada*, p. 21. Uma interpretação sem base jurídica é, sem dúvida, sempre um perigo e uma porta aberta a uma interpretação sentimental ou ideológica. Dizêmo-lo sem prejuízo de acreditarmos que, como se comprovou nomeadamente pela desilusão subsequente aos primeiros entusiasmos ante as codificações francesa e alemã (*Code Napoléon* e BGB), a Justiça nunca se consegue encerrar dentro de uma folha de papel (como diria Lassalle). E, ainda que os melhores valores e princípios adquiram positivação, haverá sempre lugar para a sua crítica e superação. Obviamente que, apesar da divergência, é ainda de reconhecer a eticidade de uma posição que declare um *ignoramus* valorativo, que acabe por fazer prevalecer, *in dubio*, o princípio da tolerância. Cf., *v.g.*, as interessantes reflexões de AGUSTIN SQUELLA, *El Positivismo Jurídico y el Problema de los Valores en el Derecho*, in "Filosofia del Derecho. Jornadas Academicas", AA.VV., Valparaíso, EDEVAL, 1980, p. 47 ss.. Para uma brevíssima mas actualizada síntese da situação interpretativa constitucional no mundo, especialmente depois das inovações hermenêuticas de novas constituições, entre as quais a portuguesa e a espanhola, MICHEL FROMONT, *La justice constitutionnele dans le monde*, Paris, Dalloz, 1996, p. 114 ss., máx. p. 119 ss..

CAPÍTULO XIII
Valores alternativos

Mas aqui parece levantar-se imediatamente uma dúvida: Então o valor mais alto não é a *vida*? Ou, seguindo a Constituição da República, não será antes a *dignidade da pessoa humana*, ou até, pois que sem isso nada poderá erguer-se e perdurar, não será antes valor dos valores a *soberania*?

É sempre muito complexo o concurso entre coisas valiosas. Lembra sempre o julgamento de Páris. Pois bem. A vida parece ser um bem tão precioso que nos tentaríamos a catapultá-lo para o Olimpo dos valores. Mas não parece adequado. Os valores inscrevem-se no universo da axiologia, enquanto a vida é uma realidade de facto. Vive-se ou não se vive. Um morto não vale menos que um vivo. Nem há graus de valor conforme a vitalidade ou a saúde. Por tudo isso a vida é mais o pressuposto da existência de valores que um valor em si, e só se diz valor, embora sem grande rigor, porque é um bem preciosíssimo, e também condição de fruição dos bens.

Quanto à dignidade da pessoa humana a questão é ainda mais complexa. Aqui temos de introduzir algumas distinções. É evidente que a dignidade humana é também um absoluto que se respeita ou não se respeita, e que não se afere na escala dos valores – que os valores têm escala, têm ordenação. Mas a dignidade da pessoa humana, mais que a vida, tem já uma dimensão intrinsecamente ética. Enquanto a vida, simplesmente, pode também ser vegetativa, ou amoral, ou imoral. Logo, totalmente avessa a valores, ou aos bons, correctos, verdadeiros valores, se preferirmos. Por isso se pode dizer, ainda numa primeira aproximação, que a dignidade da pessoa humana é uma espécie de norma das normas, de *Grundnorm* para o Direito, o que poderia equivaler a ser valor dos valores.

Mas esta forma de falar pode prestar-se a confusões. Se a dignidade da pessoa humana tem uma dimensão valorativa, a verdade é que a sua realidade se extende a muitos domínios para além do Direito. A dignidade do Homem prende-se, antes de mais, com o mundo moral, e antes de tudo com as relações da pessoa consigo própria, mas também com o mundo do saber e da educação, com a relação com a natureza, com a própria criação, designadamente a artística. Robinson Crusoé na sua ilha, ainda antes de ter encontrado Sexta Feira, já tinha problemas de viver dignamente. E não eram de modo algum problemas jurídicos.

Por isso, a dignidade humana tem no mundo dos valores do Homem uma dimensão tão importante, que, realmente, acaba por ser um valor dos valores supra-jurídico. Não apenas supra-legal e supra-constitucional, mas supra-jurídico. Mal de nós se o Direito quisesse reivindicar para si o monopólio da cura da dignidade humana.

Por isso não há contradição entre afirmar-se que a dignidade da pessoa humana é o valor dos valores (também com presença no mundo jurídico, mas essencialmente supra-jurídico) e que outro possa ser o valor superior ao nível do Direito.

Aliás, poderíamos ir mais longe, e perguntar se o valor dos valores não seria o próprio Homem. Não todo o homem, mas a Humanidade, a Ideia de Homem. E, efectivamente, tal pode ser encarado, nos devidos limites, evidentemente.

Miguel Reale, ao ponderar sobre o importantíssimo e conexo tema das invariantes axiológicas, afirmaria:

> "Meditando sobre a natureza do homem, cuja problemática veio aos poucos dando colorido antropológico à Filosofia do nosso tempo, cheguei a algumas conclusões que se correlacionam no âmago de seus enunciados, a partir da consideração do homem mesmo como *valor fonte* de todos os valores. Nesta

linha de pensamento, que se abebera nas mais puras fontes da tradição cristã, creio que o *ser do homem é o seu dever ser* e que, por isso, é da essência do valor a sua realizabilidade"[122].

Acresce que este ser do Homem é sujeito à historicidade e assim, sendo além do mais o valor Homem (ou a sua conscien-cialização) "uma conquista histórica" resulta que ele é um valor transcendental.

Afigura-se-nos perfeitamente correcto considerar que a própria *dignidade humana* não é outra coisa que uma paráfrase ou uma tradução do próprio valor Homem. O Homem é a sua própria digni-dade. Porque, evidentemente, dele se fala aqui enquanto *ser que é o seu dever ser*. Donde, em rigor, e acompanhando Reale, o Homem é o *valor-fonte*. Mas o Homem é também o protagonista da aventura da História e de todos os valores, pelo que alguma restrição ético--jurídica e jurídico-constitucional na sua invocação se compreende.

Perante a magnitude da dignidade humana, vir questionar agora a soberania, quer a nacional quer a popular, pode parecer despro-porcionado.

É verdade que sem independência nacional e tutela sobre o território e a população não se pode implantar uma ordem jurídica nem fazer prosperar quaisquer valores. É verdade que não há, pelo menos que saibamos, forma de fazer viver a Liberdade, no plano político, se o povo se não puder manifestar, em pluralismo, e por eleições livres decidir do caminho a seguir. Evidentemente. Mas tratar-se-á de valores?

Lembramo-nos de que já o afirmamos uma vez, colocando a soberania, nacional e popular, ao lado dos demais valores[123]. Numa formulação lata, continua a não nos repugnar dizê-lo. Mas em rigor temos dificuldade em admiti-lo agora, numa reconsi-deração ao problema.

---

[122] MIGUEL REALE, "Invariantes Axiológicas", in *Estudos de Filosofia Bra-sileira*, Lx., Instituto de Filosofia Luso-Brasileira, 1994, p. 216.

[123] No nosso *O Ponto de Arquimedes*, p. 213-214.

É verdade que sem soberania no sentido de independência nada mais será possível. Isso inclinaria a uma colocação cimeira dessa entidade. Mas precisamente a exemplo do que ponderámos para a vida e, de algum modo, para a própria dignidade humana, é por esse mesmo motivo que haveremos, antes de mais, de recusar-lhe estatuto de valor. A soberania-independência é pressuposto, é *conditio sine qua non* da existência real da comunidade política em causa, neste caso de Portugal. Perdesse Portugal a sua soberania em termos absolutos e deixaria de ser. E na medida em que passasse, por absurdo, a não poder exercitar o que for realmente essencial na soberania nacional (e isso está em revisão, não se podendo postular com recurso a apriorismos) deixaria certamente de poder garantir, na ordem interna e externa, a supremacia dos valores constitucionais superiores. Uma forma política sujeita ao exterior ou minada interiormente por contra-poderes que pusessem efectivamente em causa a soberania no plano interno (não nos referimos, obviamente, nem a freios e contrapesos entre instituições democráticas, nem a normais e salutares formas de exercício da oposição ou de outros direitos) não estaria em condições de garantir nomeadamente a Liberdade, a Justiça e a Solidariedade.

Portanto, a Soberania nacional, sendo valiosa e nesse sentido um valor, é, mais do que isso, um pressuposto da vida colectiva dos valores, exactamente da mesma forma que a vida, sendo valiosa, é antes de mais pressuposto da individual vivência dos mesmos.

No que toca à soberania que se consubstancia na vontade popular, no pluralismo político, e se manifesta nas eleições e no voto em geral, é inegável que se trata da seiva que vivifica periodicamente o corpo da República. E que os seus valores necessitam desse procedimento antes de mais para que se cumpram algumas das fundamentais dimensões da Liberdade política.

Recordamos que em Espanha o pluralismo político acabaria por ser elevado à condição de valor superior. Ponderado tudo, tudo recapitulado, parece-nos um exagero e até um sem-sentido. E o mesmo sucederia para a nossa soberania popular.

Valores alternativos

Trata-se de um exagero porque pôr-se a par, afinal de contas, o que é meio, instrumento e via com o que é o absoluto do valor (a Liberdade), constitui uma promoção descabida, e implicitamente concorre para o abaixamento do verdadeiro valor. Apenas as circunstâncias políticas o explicam.

Por outro lado, é tal promoção um sem sentido. Como pode entender-se uma Liberdade que, afinal, não englobe já a soberania popular (ou o pluralismo político, na formulação espanhola)? Até pode pensar-se que tal Liberdade é apenas uma liberdade hobbesiana de simples vida privada, e que a vida pública é tutelada por outra liberdade, a do pluralismo. Não, tal parece inaceitável.

Se a soberania-independência nacional é condição prévia da Liberdade, a soberania-vontade popular é meio de manifestação, renovação e perduração da Liberdade. A sua subordinação à Liberdade e a sua inserção constitucional levar-nos-iam a pensar antes em que se trata de um importante princípio do direito constitucional destes países.

Daí que nos fiquemos por uma tríade valorativa: a Justiça, a Liberdade e a Solidariedade/Igualdade.

CAPÍTULO XIV
Novas aportações comparatísticas e filosóficas

É interessante ponderar que Peces Barba acaba por retirar dimensão à Justiça, a dado passo do seu livro. Tal não era evidente a princípio, segundo cremos.

Ao lermos a proposta do grupo socialista, de que foi redactor, sem mais comentários, interpretámo-la num sentido que acaba por não ser o que ele mesmo dá, numa espécie de "interpretação autêntica" da *mens legislatoris*. Para nós, a *mens legis* seria a de uma Justiça com conteúdo autónomo, com substância, irmanada com a Liberdade e com a Igualdade (ou Solidariedade), e não apenas, como esclarece, uma justiça cujo conteúdo fosse a liberdade e a igualdade[124]. Sobretudo se reduzidas a uma quase identificação com o liberalismo e o socialismo[125]. Para nós, Liberdade e Igualdade (mesmo Igualdade) têm ou podem ter conotações que estão muito para além da sua positivação ideológica nesses dois *–ismos*. E Justiça significa muito mais que algo cujo conteúdo material seja a síntese entre as duas. Estaríamos tentado a dizer, obviamente *cum grano salis*, que nesta perspectiva, Justiça e social-democracia se equivaleriam. Ou, se se preferir, socialismo liberal. Ora a Justiça transcende as ideologias: *todas*.

A identificação ou assimilação simplesmente ideológica[126] de

---

[124] Cf. GREGORIO PECES-BARBA, *Los Valores Superiores*, máx. p. 119.

[125] GREGORIO PECES-BARBA, *Los Valores Superiores*, p. 27.

[126] Mesmo se se defender que o liberalismo não é uma teoria política autoconsciente, porque os seus grandes pensadores não se teriam assumido como liberais, e mesmo que se pense ser apenas uma "ideologia do medo" porque se

entidades que se considera serem "valores superiores" parece bem mais perigosa que o fantasma de um "decisionismo judicial" propiciado por uma alegada ambiguidade e falta de concreção do valor Justiça, de que se queixa Prieto[127].

De modo nenhum consideramos o valor Justiça supérfluo, e muito menos o tememos por o identificarmos com o freio nos dentes de qualquer activismo judicial. Embora se deva reconhecer, como legados históricos, o contributo liberal e o contributo socialista, uma Justiça identificada simultaneamente e sem predilecção com a Liberdade liberal e com a Igualdade socialista seria certamente bem pouco livre e bem pouco igualitária. E, mais do que tudo, bem pouco justa, bem pouco Justiça.

O que precisamente nos parecia muito sedutor na simples literalidade do projecto do grupo socialista era precisamente a prevalência do valor da justiça, a sua inicial singularidade. Não porque se concretizasse nos outros dois, mas porque o víamos como autónomo e regulador. De facto, vistas as coisas da política pelo plano jurídico (que tal deve ser a perspectiva constitucional), quer a liberdade liberal quer a igualdade socialista precisam de freio e de moderação. Não uma da outra, pois tal corresponde a juntar água com fogo, donde só fumo pode resultar. Mas de um valor superior, valor dos valores: e tal valor não pode ser mais partidário do individual liberal, nem do social socialista. Tal valor deve participar, em si, de ambas as preocupações. Ora tal valor, único capaz de transcender as rivalidades facciosas, as clivagens ideológicas – desde que as ideologias se não instalem na desconstrução permanente, e na sistemática suspeita, na recorrente psicanálise alheia enquanto se evita o espelho, no "quem não é por nós é contra nos" – é o valor da Justiça.

---

traduziria essencialmente no instinto de defesa contra o Estado. Cf., *v.g.*, BRUCE ACKERMAN, *Social Justice in the Liberal State*, trad. cast. e introdução de Carlos Rosenkrantz, *La Justicia Social en el Estado Liberal*, Madrid, Centro de Estudios Constitucionales, 1993, p. 11, nn. 1 e 2.

[127] LUIS PRIETO, *apud* GREGORIO PECES-BARBA, *Los Valores Superiores*, pp. 117-118.

Apenas a Justiça pode congraçar, na sua dimensão eminentemente concreta, o *proprium* e o *commune*, e, assim, transcender as ideologias, conseguir, afinal, a concretização do verdadeiro projecto epistemológico do Direito, que os Romanos ousaram pôr de pé, com o *Isolierung*[128] propicidado pelo *Ius redigere in artem*.

Embora não consideremos que Liberdade é só liberalismo e Igualdade ou Solidariedade é só socialismo, antes tais valores possuem recortes muito mais vastos que podem ser aquilatados na sua história, riquíssima[129], para que esse património viva e poreje na Constituição importa manter a tríade. E mantê-la não em paridade, mas com a proeminência da Justiça. Porque de Justiça antes de mais trata o estatuto jurídico do político.

A Constituição escrita e codificada, a constituição formal, é – será preciso lembrá-lo? – um texto jurídico. E o Direito, na sua especificidade, e apesar de toda a amnésia que varreu a cultura contemporânea, não visa primariamente a engenharia social da Igualdade, nem apenas a garantia da Liberdade, e muito menos é o árbitro das querelas que inevitavelmente entre ambas se geram. Sem deixar de se preocupar, e por vezes tem de fazê-lo muito seriamente, com uma e com outra, o seu princípio, o seu fim, a sua virtude e o seu valor é a Justiça. Nem pelo facto de tratar de justiça política a Constituição deixa de ter, antes de mais, que se preocupar com a Justiça.

---

[128] A expressão parece dever-se a F. SCHULZ, *Prinzipien des roemischen Rechts*, Berlim, 1954, *apud* YAN THOMAS, *Mommsen et l''Isolierung' du Droit (Rome, Allemagne et l'État)*, Paris, diff. Boccard, 1984, p. 1 n. *. Jhering, no seu clássico *Espírito do Direito Romano*, XXXI, usou "autonomia" ou "independência" para indicar o mesmo fenómeno. Cf., *v.g.*, JUAN VALLET DE GOYTISOLO, *Esquema Introductivo para una Metodología de la Ciencia Expositiva y Explicativa del Derecho*, Real Academia de Jurisprudencia y Legislacion, Madrid, 1999, p. 12 ss..

[129] Cf., de entre inumeráveis, os relativamente os recentes e mais acessíveis estudos de MARTIM DE ALBUQUERQUE (com a colaboração de Eduardo Vera Cruz), *Da Igualdade. Introdução à Jurisprudência,* Coimbra, Almedina, 1993, AA. VV., *Corte Costituzionale e Principio di Eguaglianza*, Pádua, Univ. degli Studi di Padova, 2002, e o número monográfico *La Liberté* da revista "Pouvoirs", n.° 84, Paris, Seuil, 1998.

Até por maioria de razão: na medida em que a política possa distraí-la da justiça *tout court*, a Constituição deve tê-la como grande luzeiro orientador.

Há uma obra introdutória ao estudo do Direito, da autoria de Miguel Reale, que tem a grande virtude de colocar todas estas questões, explicitamente invocando os diferentes valores em presença (embora acrescentando mais alguns, como a segurança[130]). Partindo do princípio de que "É no âmbito da Axiologia, como um de seus temas capitais, que se situa, pois, a *teoria da justiça*", Reale considera que toda a regra de Direito tem em vista um valor, donde serem os valores que "fundam as normas jurídicas". E prossegue:

> "Estas normas, por sua vez, pressupõem outros valores como os da *liberdade* (sem a qual não haveria possibilidade de se escolher entre valores, nem a de se actualizar uma valoração *in concreto*) ou os da igualdade, da ordem e da segurança, sem os quais a liberdade redundaria em arbítrio."

Parece-nos muito importante o lugar que atribui à Justiça. Sintetizemo-lo, com uma curta citação:

> "A nosso ver, a Justiça não se identifica com qualquer desses valores, nem mesmo com aqueles que mais dignificam o

---

[130] A falta da segurança é tão sentida, que o próprio Peces Barba a incluiria hoje. Aliás, incluiria a segurança e a solidariedade, e tiraria a justiça e o pluralismo. Discordamos profundamente. Embora, tal como faz a Constituição Portuguesa, se possa preferir a Solidariedade à Igualdade (mas reconhecemos agora que a Igualdade tem um outro peso, como "grande ideia" da Humanidade: o que vai sendo em geral reconhecido, apesar dos desvios...), e se é certo que o pluralismo político cabe na Liberdade, seria redundante manter Igualdade e Solidariedade, e um grande empobrecimento retirar a Justiça, que está longe de não ter conteúdo autónomo ou de ser ambígua (ou mais ambígua que as demais). Cf. GREGORIO PECES BARBA, *Seguridad Jurídica y Solidariedad como Valores de la Constitución Española*, in *Funciones y Fines del Derecho. Estudios en Honor del Profesor Mariano Hurtado Bautista*, Múrcia, Universidad de Murica, 1992; MILAGROS OTERO PARGA, *Valores Constitucionales. Introducción a la Filosofía del Derecho: axiologia jurídica*, p. 40 ss..

homem. Ela é antes a condição primeira de todos eles, a condição transcendental de sua possibilidade como actualização histórica. Ela vale para que todos os valores valham".

É importante a ideia de historicidade da justiça, bem como da pluralidade de possíveis justos:

"Cada época histórica tem a sua imagem ou a sua ideia de justiça, dependente da escala de valores dominante nas respectivas sociedades, mas nenhuma delas é toda a justiça, assim como a mais justa das sentenças não exaure as virtualidades todas do justo"[131].

---

[131] Todas as citações sobre este problema são de MIGUEL REALE, *Lições Preliminares de Direito*, décima ed. revista, Coimbra, Almedina, 1982, p. 371.

CAPÍTULO XV
Conclusão

Concluir este périplo é perigoso: seria preferível chegar àquele saber meramente sapiente, em que se esclarece mas não se conclui. Apenas diremos algumas palavras mais, que procuraremos tenham alguma imagética, a fim de compensar a aridez expositiva que vimos utilizando.

Assim, antes de mais há a recordar a não univocidade das qualificações. As várias entidades podem ser encaradas segundo diversas perspectivas, e, assim, receber diferentes qualificações.

Se a vida humana é bem, objecto de direito (v. art. 24 da Constituição), e valor, é, na nossa presente análise, especialmente pressuposto de tudo o mais. A vida, precisamente por seu carácter fundante de *conditio sine qua non*, ganha ainda até a qualidade de princípio, na medida em que dele se possam (e cremos que podem) deduzir (não só lógica como axiologicamente) a proscrição da pena de morte, e pelo menos das formas mais chocantes de aborto e de eutanásia.

Também o Homem é o *valor fonte*, e a sua dignidade, atributo inafastavelmente seu, a *dignidade da pessoa humana,* valor dos valores.

Mas trata-se em ambos os casos (vida humana e Homem) de valores excessivamente supra-jurídicos para poderem ser tidos como propriamente constitucionais. E das polémicas inferências da proscrição de pena de morte, aborto e eutanásia se poderá avaliar das dificuldades para consensualizar tais valores em toda a sua extensão e implicações ao nível jurídico. Por isso se prefere, nos pontos mais polémicos (os dois últimos) a conhecida técnica ideológica das *ausências significativas*: tais ausências estão "presentes" no nosso texto constitucional. Havendo, pelo contrário, uma *leitura negociada*[132] do lugar da "vida" no nosso ordenamento constitucional e jurídico em geral.

A nossa Constituição encontra-se a meio caminho entre a *exnominação ou ex-denominação*[133] dos seus valores e o procedimento de enumeração explícita – ou *fanerização* – dos mesmos, que só viria a ser adoptado pela Constituição espanhola de 1978. Os valores têm, na nossa Constituição, que ser descobertos: estão presentes, nominados ou quase, mas não são qualificados como tais. E, eviden-

---

[132] Curiosamente essa leitura negociada é dúplice, na medida em que, a nosso ver, e apesar do referendo sobre o aborto, não é claro qual seja a "ideologia dominante" a propósito destas matérias. Cf., sobre o conceito de leitura negociada, que "aceita e opera dentro da ideologia dominante, mas negoceia uma atitude diferente ou um lugar mais privilegiado para certas questões, crenças ou grupos de pessoas (…)", JOHN FISKE, *Teoria da Comunicação*, p. 247. Sabe-se qual é a opinião majoritária, mas até que ponto é essa a dominante? Afigura-se-nos que estamos perante dois códigos oposicionais que se não demarcam face a um código dominante, e sobrevivem constitucionalmente por dois códigos negociados simétricos: uns lêem o direito à vida de uma forma, outros de outra. A polémica transfere-se para o nível infra-constitucional, do referendo e da simples decisão legislativa, quando, na verdade, ela é supra-constitucional (e por isso nem por referendo poderia ter sido resolvida). Cf., neste último sentido, já o nosso *Ética, Sociedade e Direito no referendo do aborto*, in *Vida e Direito. Reflexões sobre um referendo*, org. de Jorge Bacelar Gouveia e Henrique Mota, Prefácio de António de Sousa Franco, Cascais, Principia, 1998, p. 142 ss.

[133] Usamos as expressões no sentido de JOHN FISKE, *Teoria da Comunicação*, p. 223 ("pressuposto de que esses valores são tão elementares, tão amplamente partilhados, tão naturais que nem precisam de ser referidos") e não na acepção original, de ROLAND BARTHES, *Mythologies*, Paris, Seuil, 1957, ed. port. com prefácio e trad. de José Augusto Seabra, Lisboa, Edições 70, 1978, p. 206 ss.. Barthes pretende sobretudo denotar o procedimento de ocultação verbal de uma burguesia que tudo faz para se não auto-nomear. Uma ideia simétrica a esta é a de que a criação da dicotomia direita/esquerda ou burguesia/povo (proletariado, etc.) é criação de esquerda e funciona sempre em seu proveito, a ela pertencendo em exclusivo o poder de nomear o que é direita (ou burguesia, etc.) cf. GUSTAVO CORÇÃO, *O Século do Nada*, Rio de Janeiro/São Paulo, Record [2.ª ed. 1973], pp. 75-109.

Conclusão 193

temente, tornaram-se muito mais patentes quando a dimensão utópica do texto foi sendo atenuada, mormente quando, por efeito das revisões constitucionais, os valores do Preâmbulo puderam ter acolhimento em conjunto no corpo da Constituição, em substituição do fim escatológico (utópico) "sociedade sem classes".

Prescindimos, neste trabalho, de uma análise filosófica autónoma justificativa das razões propriamente éticas pelas quais Justiça, Liberdade e Igualdade/Solidariedade são valores (as referências filosóficas feitas podem até ser tidas pelo cúmulo do dogmatismo: mas não é esse o risco de toda a filosofia, e até de toda a *doxa*?). Um gramsciano poderia dizer que jogamos, assim, na *hegemonia* enquanto forma de prescindir da verbalização do trabalho ideológico de persuasão. Que acreditamos que acreditam em nós, pelo recurso ao *senso comum*. Não tivemos uma intenção tão cavilosa, mas de nada serve a confissão, não só porque sempre se pode presumir que mentimos, só porque discordamos dos nossos críticos, e ainda porque a ideologia parece funcionar como discurso autopoiético, independentemente e mesmo contra a vontade do seu veiculador.

Mas assim não sairíamos do círculo vicioso. Esquecendo os ardis das análises ideológicas, a verdade é que reconhecemos hoje, com naturalidade, que os três elementos da tríade são valores. E principalmente a Justiça. Entre Justiça e Valor não haverá mesmo uma espécie de *nach-erleben* (no sentido de "identificação inconsciente", *à la* Dilthey)?

Tal não sucederia na Antiguidade, em que desde logo haveria a tendência para a considerar como uma Ideia, e, quando virtude, seria vista na perspectiva de *arete* ou afim. Na Idade Média seria já decididamente virtude, mas virtude cardeal, tinta de teologismo. Tanto tinta dele que o nosso Aquilino Ribeiro, que era erudito, cuidou que a concebessem teologal[134]. Segundo Miguel Reale, a época moderna é gnoseológica. Por isso pensamos que talvez se esquecesse até da

---

[134] AQUILINO RIBEIRO, *Geografia Sentimental*, nova ed., Lx., Bertrand, 1983, p. 128, afirma muito correctamente, menos no fim: "A Justiça tem de ser simultaneamente caridade – não a computavam os antigos como virtude teologal?". Teologais são a fé, a esperança e a caridade.

Justiça, envolta na demanda do formal conhecer. Mas, segundo o mesmo autor, já se aprofunda a dimensão axiológica na contemporaneidade, e por isso mesmo a Justiça surge como valor[135].

Assim, atendendo quer ao espírito do tempo (crescendo da axiologia como problema filosófico ao menos), quer ao contexto das coisas humanas em que se insere (o jurídico), quer ao senso comum (que facilmente e sem rigor os associa), deve considerar-se a Justiça e as suas duas irmãs como sendo valores.

A precedência da Justiça como valor superior ao nível especificamente jurídico (sem apoucamento das demais, em termos absolutos, como é óbvio) parece impôr-se atendendo a que, por um lado, possui uma dimensão, um peso, na história da cultura e do espírito muito maior que as demais: nela confluem, além do mais, as categorias de Ideia, Virtude e Valor, o que, nem mesmo substituindo a Igualdade ou Solidariedade por *Caritas* seria fácil de conseguir. Por outro lado, decorre da própria matéria de que se trata: de Direito. E o Direito, como diz a glosa, deriva da Justiça como de uma Mãe. Quem vai renegar a Mãe como símbolo do supremo valor?

Por isso a Justiça é o valor superior da Constituição e, logo, do nosso ordenamento jurídico. E o périplo dado desde o primeiro texto do art. 1.° da Constituição, o de 1976, passando pela feitura da Constituição espanhola de 1978 e a sua interpretação doutrinal (que todavia contamos vir a desenvolver em estudo autónomo) só pretendeu compreender como essa ideia estava fazendo o seu caminho: da *ex(de)nominação* para, talvez, uma *mitificação*, que é certamente o estádio máximo a que um conceito pode aspirar. Um complexo círculo de comunicação da cultura consigo mesma (segundo um modelo próximo do de George Gerbner), ia sendo feito: e os valores iam-se tornando apercebidos e consensuais. Cada vez mais nominados, mais públicos. Milagros Otero Parga trata, no seu excelente livro, os valores superiores com dimensão axiológica muito mais

---

[135] MIGUEL REALE, "Invariantes Axiológicas", in *Estudos de Filosofia Brasileira*, p. 221.

Conclusão   195

consolidada, e inclusivamente dando-lhes uma dimensão filosófica, de axiologia jurídica[136].

Se por um momento pudéssemos desligar a nossa mundividência da cultura do ouvido e da palavra que é a jurídica[137], para uma cultura da imagem, imediatamente reconheceríamos três níveis (simbólico, abstracto e representacional) na nossa juridicidade constitucional:

a) O nível dos valores, ou dimensão *simbólica* – a Justiça, a *Januskoepfige Iustitia*[138], com duas cabeças, uma vendada e outra de olhos bem abertos, representando o valor superior, ladeada pelos dois outros grandes valores: a Liberdade, quebrando as grilhetas (ou a *Liberdade conduzindo o Povo* de Delacroix), e a Solidariedade que certamente ostentaria o dadivoso saco de oiro da Justiça de Lilliput[139].

b) O nível dos princípios, ou da *abstracção* – um friso (ou um coro, musicalmente) de princípios jusconstitucionais operativos, síntese e motor do bom governo. Ilustrando esta realidade convocaríamos a alegoria do *Bom Governo*, de Lorenzetti. A confusão entre princípios e valores pode ocorrer, tal como nas artes plásticas ocorre abstracção virada para o simbolismo (quer com significado identificável quer com significado arbitariamente atribuído), bem como abstracção pura. Recordemos, sobretudo, que nos princípios, como na abstracção das artes visuais, se "busca um significado mais

---

[136] MILAGROS OTERO PARGA, *Valores Constitucionales. Introducción a la Filosofía del Derecho: axiologia jurídica, passim.*

[137] Cf. o nosso *Le Droit et les Sens*, Paris, L'Archer, dif. PUF, 2000, máx. p. 128 ss., ou *Natureza & Arte do Direito. Lições de Filosofia Jurídica*, máx. p. 159 ss..

[138] Cf., por todos, O. R. KISSEL, *Die Iustitia. Reflexionen ueber ein Symbol und seine Darstellung in der bildenden Kunst,* Muenchen, Beck, 1984, p. 112; JEAN-MARC TRIGEAUD, *Persona ou la Justice au double visage*, Genova, Studio Editoriale di Cultura, 1990, p. 49 ss., máx. pp. 68-69. E o nosso *Natureza & Arte do Direito. Lições de Filosofia Jurídica*, pp. 148-149.

[139] JONATHAN SWIFT, *Gulliver's Travels* (orig. 1726), n/ ed., Oxford, Chancellor Press, 1985, p. 44.

intenso e condensado". No caso dos princípios jurídicos esse desiderato é sobretudo de generalização e de geração: porque os princípios resumem as normas, que deles derivam.

c) O nível das normas, ou dimensão *representacional* – em que precisamente se procura descrever o real jurídico, tal como num desenho à vista. Já que *non est regula ius summatur, sed ex iure quod ex regula fiat*[140]. Pensando em Carbonnier[141], seríamos tentado a sugerir um armazém de direito como imagem. Mas sejamos benévolos: convoquemos o simpático escriba Kay, acocorado no Museu do Louvre, e imaginemos que o seu cálamo atento observa o real jurídico e o transcreve, estilizado, em normas.

Como sucede com a linguagem visual, há, no nosso terreno, analfabetos visuais. Pode a doutrina jurídica queixar-se da vacuidade ou imaterialidade da dimensão simbólica (neste nosso caso, da Justiça). Mas é precisamente a simplicidade, a redução da complexidade, a estilização, que caracteriza o nível simbólico: e por isso, também, a grande permeabilidade de acolher diferentes sentidos, de englobar diversos significados num mesmo significante. A justiça, a liberdade, a solidariedade não devem ser definidas, delimitadas. A Balança em equilíbrio, o pássaro que sai da gaiola, as mãos que se unem fraternamente: isso é o essencial da mensagem. Nisso se reconhecerão as acções justas, livres (ou libertadoras) e fraternas.

Entre a imagem centrípeta da Liberdade, e a imagem centrífuga da Solidariedade, a Balança jurídica corresponde a um equilíbrio superior muito eloquente: a Balança, tal como o valor Justiça, não é nem movimento individualista nem fixidez colectivista, exageros a que poderiam conduzir más interpretações dos demais valores. É repouso no dinamismo. Tal deve ser o valor da Justiça: o atingir de um equilíbrio do fiel, contando com a dialéctica dos opostos.

---

[140] D. 50, 17, 1.

[141] JEAN CARBONNIER, in *Mélanges Roubier*, 1961, p. 109 ss.: «Grâce à la règle, l'humanité, à partir d'une certaine époque, a eu la possibilité inouïe d'emmagasiner le droit».

Parte VI

UNIÃO EUROPEIA, ESTADO E CONSTITUIÇÃO
A CONSTITUIÇÃO IMPOSSÍVEL?

INTRODUÇÃO

A discussão, na verdade mais teórica que prática, em torno de uma Constituição Europeia, pela ambiguidade dos conceitos que convoca, repõe na ordem do dia a necessidade de uma formação política, filosófico-política e científico-política, além de jurídica e filosófico-jurídica dos cidadãos. Antes de discutir da existência ou não de uma Constituição na actual União Europeia, e da eventual conveniência de tal coisa (pressupondo que as constituições dependam da utilidade e da vontade), é preciso ter conceitos claros. Desde logo de Estado e de Constituição.

Os passos, recentemente dados, no sentido da "constitucionalização" europeia, mais justificam que se tenham ideias claras. Desde logo não se confundindo uma Constituição com um Tratado. Pois como poderá um tratado, com força jurídica dependente e derivada de poderes públicos nacionais (e já delegados), aspirar a substituir-se ao poder constituinte originário, neste caso dos povos europeus?

Uma Constituição é sempre uma (re-)fundação, não um corolário, uma abóbada num edifício institucional. Por isso, se um dia os Europeus fizerem a sua Constituição escrita e codificada, deverão fazê-lo elegendo delegados expressamente mandatados para tal – e não sabemos se o texto que daí resultar não deva ser depois submetido a uma "Câmara alta" dos Estados. Pelo menos, deverá ser sujeito a referendo ulterior em cada Estado que se proponha subscrevê-la. Mas para já, clarifiquemos algumas ideias básicas.

CAPÍTULO I
Ter ideias claras sobre o conceito de Estado

1. Da não universalidade do Estado

Nem todas as formas de organização política são Estado. Não nos parece nem rigorosa nem profícua a ideia de alargar excessivamente, no conceito e no tempo, a qualificação a situações que com ele se não identificam. O Estado é, para nós, criação moderna, europeia continental, renascentista, e sucede historicamente à organização jurídico-política feudal. O universal é o governo, não é o Estado, afirma um notável estudo recente de Dalmacio Negro (*Gobierno y Estado*). Há mesmo quem pense que esta fórmula não chegou a aplicar-se nunca na Grã Bretanha (v. por exemplo, Pereira Menaut). E daí, até, a eventual maior capacidade de análise de investigadores ingleses e até americanos, institucional e politicamente seus herdeiros, para estudar a complexa situação constitucional da União Europeia: porque não formados, como nós europeus continentais, na perspectiva estadualista, necessariamente redutora e deformadora.

Afigura-se-nos, por este facto, em conjunção com o conceito histórico-universal de Constituição (de que falaremos *infra*), dever-se desde logo pôr de parte as teorizações que negam a existência de Constituição na União Europeia com a alegação de que "onde não há Estado, não há constituição" (Paul Kirchof), ou "apenas se alguém se atrevesse a argumentar que a União Europeia já é um Estado poderia começar a afirmar que já goza de uma Constituição" (Geoffrey Howe).

2. O 'trompe-l'oeil' estadualista

O problema mais complexo com que nesta temática nos deparamos é o de fazer partilhar alguns elementos essenciais de uma forma de organização política por outra forma. Tal deve-se, na verdade, fundamentalmente ao facto de perspectivarmos a questão com um olhar estadualista, e olharmos a realidade orgânico-juspolítica com o paradigma da soberania. Soberania entendida em termos simples e pré-compreensivos na maioria dos casos, mas que se reconduz, efectivamente, à interdição de existência de maior poder quer interno quer externo à unidade política considerada – tal como canonicamente foi exposto por Jean Bodin, nos seus *Seis Livros da República*. Para nós, há muita confusão no facto de poder haver poderes sobrepostos e paralelos (ainda que parcialmente) sobre o mesmo território e povo. E que o poder político seja muito partilhado.

O problema, na União Europeia, não é, assim, o da inexistência de povo, como parecem ficcionar alguns ("onde não há povo não há Estado", afirma o já citado Paul Kirchof), mas da existência de povos que se encontram primariamente vinculados aos respectivos estados, e que parecem faltar como substracto pessoal para a fundação de uma sociedade política europeia.

Também não se trata, muito menos, de criar uma Nação europeia, que pudesse finalmente corresponder a um super-estado-nação europeu. Esta é a mais utópica de todas as propostas. Não impossível, mas de certo longuínqua, e não sabemos se desejável: julgamos que não, porque a Europa só ganha pela riqueza da sua diversidade, que é, em grande medida, uma diversidade nacional. E cada nação, diluída numa Europa cosmopolita, deixando de existir, deixaria os povos à míngua da expressão cultural (*lato sensu*) e política.

CAPÍTULO II
Ter ideias claras sobre o conceito de Constituição

Outra questão essencial, que tem de ficar previamente resolvida, mas não de uma forma formalista, é a de saber o que realmente entendemos por Constituição, qual conceito adoptamos. Mas, como há um vai-vém teorético-pragmático entre o *quid* e a sua representação, entre realidade e interpretação, a verdade é que não se atingirá uma verdade sacrossanta se se partir aprioristicamente de um paradigma escolhido subjectivamente e com ele se passar a analisar a realidade da União Europeia. Mas, por outro lado, postular, a partir apenas dessa realidade, que ela tem ou não tem Constituição, sem mais, é somente dogmatismo e excessiva imersão nos factos.

1. Paradigmas clássicos inadequados ao objecto União Europeia

Durante muito tempo, alguns bordões teóricos vinham em nosso socorro. Eram eles, desde logo, o conceito histórico universal de constituição, o conceito constitucionalista ou moderno de constituição (o conceito ideal de constituição, típico da constituição burguesa, tão bem caracterizados por Carl Schmitt), e até o conceito (de inspiração lassaleana, como, aliás, em certa medida, o primeiro também) de constituição real. A conjugação dos três permitia uma resolução de inúmeros problemas.

1.1. *Universalidade e pancronia da Constituição*

Assim, se todos os povos e em todos os lugares têm e tiveram uma Constituição, como ensina a primeira teoria, no conceito de Constituição se integra também o constitucionalismo tradicional, histórico, etc.. Parece que alguns demoraram a aceitá-lo, mas acabaram por ter de o reconhecer...

1.2. *Não um papel, mas o jogo dos poderes reais*

Por outro lado, e a corroborar a primeira visão, a Constituição não é tanto a folha de papel (constituição instrumental) que o proclame (Lassalle), mas as relações reais de poder (e de poder num sentido muito lato, compreende-se agora: em grande medida de cultura e de poder simbólico) existentes numa sociedade concreta: essa a constituição real. Tal perspectiva, uma vez que em todas as sociedades há relações reais de poder, alargava potencial e virtualmente a todo o tempo e a todo o lugar a presença de Constituição.

1.3. *Um ideal moderno, liberal, burguês...*

Numa perspectiva mais restritiva, o conceito ideal burguês de constituição, ainda hoje com muito boa validade, pelos menos nos seus aspectos essenciais, dentro da ideia lata de que em todo o lado e sempre há e houve constituição, explicitava o que é modernamente exigido para haver Constituição em sentido rigoroso: o que implicaria, numa formulação aliás quase mítica, pelo menos os direitos humanos/fundamentais, e a separação dos poderes, na formulação explícita mínima do art. 16.° da Declaração dos Direitos do Homem e do Cidadão francesa de 1791, e, numa visão mais alargada, a soberania nacional e popular, como pressupostos, a forma escrita e codificada como meio e meio de sacralização, e esses dois falados vectores no plano do conteúdo: direitos (humanos ou fundamentais) e separação dos poderes.

Estes preciosos auxiliares teóricos deixaram, em boa medida, de poder socorrer-nos. Continuam, evidentemente, a ser guias de valia inestimável na nossa orientação no tempo e no espaço extra--União Europeia. Aqui, deixaram de poder servir de bússolas, embora por eles tenhamos de fazer passar a realidade "União Europeia", como primeiro teste.

2. O teste dos paradigmas clássicos

2.1. *Conceito histórico-universal de constituição*

O grande problema da aplicação do conceito histórico-universal de Constituição à União Europeia reside no facto de ele ter sido cunhado, ou pelo menos ser normalmente invocado para casos vagos e gerais, fazendo apelo a um tipo ideal de formações sociais, sociedades concretas, em que, pelo menos, a questão do povo e do território se encontrariam resolvidas.

Invocar este conceito para o aplicar à União Europeia equivaleria *quase* a fazer o mesmo para a ONU, a OUA ou a OEA. Não parece poder falar-se legitimamente de Constituição sempre que haja um poder ou uma coordenação de poderes (mais real ou menos real, mais efectivo ou menos efectivo), independentemente de alguma vinculação directa dos seus destinatários a esse poder, e ao menos um *fumus* de soberania (exclusão de outros poderes). Esquecemo-nos que existe Direito Internacional e até *Direito Europeu*?

2.2. *Constituição real*

Mais curiosa ainda se torna a situação se fizermos intervir o conceito de constituição real (que, por vezes, assume erroneamente o nome de constituição material – que é coisa diversa).

O que há na realidade social, política, jurídica, nas relações de poder concretas que se desenvolvem no espaço europeu que possa configurar uma verdadeira constituição europeia?

206 *União Europeia, Estado e Constituição. A Constituição impossível?*

Não estamos desprovidos de elementos. O Euro parece estar já a dar uma outra dimensão e outra expansão ao fenómeno comunitário. Mas essa espécie de sociologia da Europa política na Europa de todos os dias daria ainda escassos resultados. Tanto mais que a Europa da União Europeia é ainda é representada, em muitos sectores, por muitas gentes, como uma criação super-estrutural, de cúpula, e a sua influência uma enxertia no que é nacional. Essa reacção é tipicamente detectável na ideia da criação de cadeiras de Direito Comunitário, quando o Direito Europeu não é mais um ramo ou mais uma dimensão da juridicidade, mas se impõe nas ordens jurídicas nacionais, fazendo parte do Direito, *tout court*. Só quando se estudar o Direito Europeu em cada ramo do Direito (e não em cadeiras separadas) se terá criado uma ideia consistente de juridicidade europeia. Ou seja, então a constituição real terá integrado a ideia de Europa do Direito.

2.3. *Conceito ideal de Constituição*

Tomado na sua formulação explícita e lata, o conceito ideal de constituição permite-nos aperceber um *déficit* profundo da União Europeia relativamente ao ideal de constituição da modernidade, o qual, apesar dos ventos pós-modernos, ainda se não encontra superado: para o bem e para o mal.

Assim, é óbvio que no tocante aos aspectos fundantes, uma constitucionalização da União Europeia contrariaria o ideal liberal--romântico de Estados-nação como essenciais protagonistas da aventura da política e do Direito.

a) *Soberania nacional e popular*

O agregado União Europeia não pode deixar de afectar, pelo menos em alguma medida, o imaginário de hinos e bandeiras dos nacionalismos que implantaram o constitucionalismo moderno, pelo que a soberania nacional ao nível simbólico, periga. Esse elemento é de conflito dificilmente sanável... Embora possa ser resolvido com facilidade e decerto com proveito numa perspectiva de patriotismo de círculos concêntricos.

Acresce que a ideia bodiniana de soberania, na perspectiva dos estados, claudica, porque a União Europeia passa a ter, pelo menos em alguns aspectos, poder superior. Ela acaba por ser poder externo mais elevado. E, na perspectiva da União Europeia, fica a sua soberania também muito imperfeita, por guardarem os estados competências essenciais como que reservadas, constituindo assim poder mais alto ao nível interno.

Também a soberania popular fica muito a desejar na actual estrutura da União Europeia. Quanto muito, poderá dizer-se que se exerce indirectamente. Ao ponto de se falar em *déficit* democrático nas instituições da União Europeia.

b) *Separação de Poderes*

A União Europeia está longe de ter separação de poderes. O único poder realmente separado, mas cujo activismo para-legislativo pode colocar problemas a esse paradigma, é o judicial.

c) *Direitos Humanos*

A União Europeia tem uma jurisdição e base textual bastante sólidas em matéria de direitos humanos. Embora a influência da correcção política e do pensamento único possam influenciar negativamente quer os seus textos "legislativos" ou "constitucionais--legislativos", quer os seus julgados.

Esta matéria é singular: parece ser, de entre todas, aquela em que mais perto se está de uma constituição em sentido formal, mas perigando a dimensão material (e ética) em alguns aspectos, esperemos que marginais.

d) *Codificação*

Não há codificação constitucional europeia. Este aspecto merece um reparo especial. Alguns, como Pereira Menaut, saudam este facto, vendo nele o triunfo da concepção anglo-saxónica, historicista, judicialista, gradualista, sobre a concepção continental, voluntarista, legalista, decisionista – digamos. Outros deploram o facto, precisamente fazendo-se protagonistas dessa segunda forma de pensamento jurídico.

Há ainda muito quem pense que Constituição europeia só haverá quando e se se redigir um texto, provindo solenemente duma assembleia ou da outorga de um soberano (a comissão europeia, o conselho?), dirigido a regular virtualmente toda a actividade jurídico-política do espaço europeu.

De modo algum é assim. Nem sequer a redução a escrito é requisito essencial da existência de uma Constituição. Muito menos a codificação num único documento, mais ou menos proclamatório.

Não há codificação constitucional europeia, e é bem possível que isso nunca se deva fazer. A tentação de organizar a Europa, neste momento, em que subsistem estados e povos, a favor dos grandes e contra os pequenos, é demasiado forte. E a unificação, sistematização e dogmatização jurídico-políticas são sempre (a História do próprio constitucionalismo moderno o prova já) factores de opressão e não de liberdade.

Por isso, não há razão para ter qualquer complexo face aos Estados Unidos, nem os EUA têm qualquer razão em querer oferecer-nos (como o chegou a fazer a revista *The Economist*) um modelo pronto-a-vestir de texto constitucional europeu, decalcado do texto americano. É uma constituição *a question of art and time…* e apressar as coisas só trará problemas. Aliás, nem sequer se trata de apressar, a História não está escrita de antemão, e ninguém nos garante que será melhor escrever uma constituição, para glória ou vaidade dos seus pais fundadores, que não a escrever, mas vivê-la, para liberdade e segurança do Povo Europeu: se vier a existir. Do que também não sabemos…

CAPÍTULO III
Ponderação. O teste das constituições dos estados

O teste dos diversos conceitos clássicos revela, em geral, que a estrutura jurídico-política e a vida política e social, etc., na União Europeia não se enquadra nos conceitos de Constituição referidos. Vimos que no conceito ideal apenas no plano dos direitos humanos se aproximava do requisito, embora temendo-se desvios. Em todos os demais aspectos, o *déficit* era patente. Vimos que no plano das relações reais uma constituição europeia ainda está longe de ser observável e de prevalecer. Vimos que é complexo invocar o conceito histórico-universal de constituição para a União Europeia devido à sobreposição desta com povos, territórios e poderes dos estados--membros.

A verdade, porém, é que se não faz o mesmo teste para as constituições nacionais dos estados.

Se tal fosse feito, encontrar-nos-íamos perante uma semelhante (mas apenas aparente) ausência de Constituição.

1. Pluralidade de fontes constitucionais

O conceito histórico-universal de constituição diz-nos dessa permanência da constituição. E também nos fala da sua vinculação ao *Nomos* da cidade, à terra e às muralhas da Pólis. Pois mesmo em Portugal, não vamos mais longe, precisamente a União Europeia, ou até a vontade de aderir ao Tribunal Penal Internacional nos impõem mudanças não popularmente referendadas na nossa constituição formal. Como a admissibilidade, ainda que moderada, da prisão

210 *União Europeia, Estado e Constituição. A Constituição impossível?*

perpétua, contrária, sem dúvida, a esses ancestrais brandos costumes portugueses que hão de ser considerados constituição material ao menos.

Esta ausência de constituição "local", esta cedência ante o global, traduz-se numa excepção a pelo menos um dos sentidos do conceito histórico-universal de constituição.

Parece que invocá-lo no plano da União Europeia ou é absurdo, porque ela não tem consistência infraestrutural autónoma, e fazê-lo doravante do lado dos estados membros acaba por ou ser supérfluo (num entendimento formal: pois todos acreditam que têm a sua constituição), ou perigosamente formalista (num entendimento mais substancial: na medida em que se pode crer que cada formação social, hoje, já não tem "a" constituição que lhe é própria, mas pelo menos duas – a estadual e a europeia, ou o que de europeu acresce e se sobrepõe à nacional; e isso já não é local, é global, ainda que micro-global).

2. **Inespecificidade hodierna das constituições reais**

No domínio da constituição real, podemos falar ainda de idiossincrasias nacionais-estaduais europeias, à parte algum folclorismo, designadamente turístico? Não se negam diferenças, até de carácter. Mas a massificação cosmopolita, sobretudo nos meios urbanos, já uniformizou em boa medida os jovens europeus. E aparte a língua, também ela uniformizada pela segunda língua geral que é o inglês, os gostos, as crenças, os valores, são cada vez mais homogéneos. O que é uma perda, até na perspectiva europeia. Grande parte do valor do velho continente, como dissemos já, era a sua unidade na diversidade. Ora a diversidade vai-se esbatendo, e a diferença específica face designadamente à América do Norte também vai perdendo terreno.

Especificamente no plano juspolítico, o que une particularmente a Europa, na prática? O que a distingue do que lhe está ao lado? E, neste caso particular, o que distingue cada estado do estado vizinho? Ainda há muitas disputas velhas, mas serão elas, a prazo, quezílias de campanário?

Os países europeus teriam certamente dificuldade em explicar, por exemplo, qual a especificidade dos seus valores constitucionais. Só a Espanha os nomeia explicitamente na sua Constituição, mas eles são, realmente, comuns a todos: Justiça, Liberdade e Igualdade. Algum ousaria não os subscrever?

Por conseguinte, convocar a constituição real dos Estados membros como diferença específica, seria embaraçoso e infrutífero. Também aqui empatam a constituição europeia e as constituições estaduais.

3. *Déficit* das constituições ideais

Resta o teste do conceito ideal de constituição. Com a superação histórica do estado liberal, todos os princípios associados a este conceito entraram em franca crise, por desvio, atrofia ou hipertrofia. Além de que, mesmo o estado liberal jamais conseguiu espelhar por completo a pureza dos mesmos.

Óbvio e tautológico se torna explicitar que a própria existência do poder "União Europeia" limita externa e superiormente a soberania nacional, pelo que tal item se encontra abaladíssimo.

Como foi sublinhado pioneiramente por exemplo por Leibholz (além de ter, por exemplo em Espanha, uma bibliografia vasta), o estado de partidos já não é um estado de pura soberania popular nem de pura separação dos poderes. Além de a tal acrescer o poder avassalador dos *media*, por exemplo, e o sufrágio universal, associado ao partidismo impor a governação em função de eleições. Mais ainda, a força do poder económico e o activismo judicial alteram completamente a correlação de forças. Além disso, a evolução social e ideológica, rumando para o niilismo, o cepticismo e o relativismo crescentes, que dogmatismos e fundamentalismos parecem reforçar, por contraste, prepara a sociedade para aceitar uma democracia simplesmente formal ou técnica, olvidando, por vezes escañdalosamente, a natureza humana e os direitos naturais, que são o fundamento do Estado de Direito (e da democracia ética), como viria a reconhecer um Gustav Radbruch.

Tal como no plano da União Europeia para os direitos humanos, apenas ao nível dos direitos fundamentais parecem os estados membros, em geral, ir no bom caminho. Mas aqui, em alguns casos, tal como na União Europeia, caiu-se na pletora dos direitos, na demagogia da proclamação de tudo como direitos, no incumprimento prático de alguns dos mais elementares (embora excepcionalmente, é certo). E o mais perigoso reside no atacar verdadeiros direitos, bens, e valores com a proclamação de falsos. O fogo cruzado contra a vida e a família aí estão a atestá-lo: desde logo, contra o direito à vida, o falso "direito ao corpo"...

Em resumo, desviaram-se do seu sentido ou atrofiaram a soberania, a separação dos poderes, e hipertrofiou-se o mundo dos direitos, que também assim se desvirtuaram. Texto codificado? Existe, sim. Mas não nos esqueçamos que no Reino Unido, nem existe sequer, o que comprova que, mesmo ao nível estadual, este é o ponto de menor importância.

Concluímos, assim, esta primeira abordagem do problema verificando a simetria de aparente inexistência constitucional quer ao nível da União Europeia quer dos estados membros. Não se alega que se trate de uma inexistência do mesmo nível. Mas, se virmos a situação sobretudo na perspectiva do conceito ideal, comungam ambas de uma muito patente falta de requisitos.

Quer isto dizer que não há Constituição nem na Europa nem nos Estados europeus?

De modo nenhum. Quer isto dizer que não se deve colocar vinho novo da realidade pulsante do direito e da política de hoje em odres velhos da doutrina de anteontem.

Repugna-nos considerar como Estado toda a organização social que tenha pendão e caldeira, como nos custa chamar Constituição a toda a malha organizacional de uma instituição supra-local.

E também é complicado invocar um espírito apenas para falar em Constituição material. O *animus*, se o há, tem de se fazer *corpus*. O *corpus* tem de ser vivificado por um *animus*.

É muito fácil usar efeitos de retórica e ver já elementos constitucionais na própria Comunidade Económica Europeia, como efectivamente ocorreu já nos anos sessenta.

É muito fácil dizer que não há Constituição europeia, e que não deve haver. Mas aí esquece-se de que pode haver já uma Constituição europeia sem que tais formalistas e positivistas o suspeitem. Pelo menos, um embrião de Constituição.

Também é muito fácil afirmar o contrário: que deve haver uma Constituição europeia, e para isso é preciso redigi-la. Mas além de se incorrer no mesmo erro que acabámos de assinalar, corre-se o risco de um tal voluntarismo vir a criar uma Constituição formal ao arrepio da Constituição material em formação.

Tudo isto nos leva ao conceito chave e redentor: o de Constituição material.

Há vários sentidos para constituição material, designadamente o que erroneamente dá tal nome à simples constituição instrumental (suporte material da constituição formal), e as que, acertadamente, mas resolvendo outros problemas procuram ver no materialmente constitucional o que é fundamental para a constituição da comunidade política em causa, quer se encontre no seio do texto codificado, quer se encontre em textos extravagantes, quer mesmo, por exemplo, em costumes ou praxes. Estas perspectivas no fundo buscam no materialmente constitucional a essência da Constituição, codificada ou não, escrita ou não.

Mas de entre todos os sentidos, o mais operatório será certamente o que assim foi sintetizado por Rogério Ehrhardt Soares:

"(…) fala-se de constituição material apontando para os princípios jurídicos fundamentais, imanentes no texto constitucional ou mesmo transcendendo-o. Refere-se esta ideia a uma legalidade material que preside ou domina o próprio texto".

Simplesmente, estes princípios não vivem uma existência fantasmática. Têm de se actualizar e manifestar. Para além de se reconhecerem como princípios transcendentes apenas os que decorrem da própria ideia de Estado, requer-se para a consideração de princípios imanentes a sua positivação constitucional, com o fim de evitar interpretações subjectivistas.

O sentido útil desta teorização aplicada, *mutatis mutandis*, à constituição europeia, tem de implicar a tradução de Estado por União Europeia, e a pressuposição de que o texto constitucional de que se cura no nosso presente caso não é codificado, mas uma amálgama de tratados, sentenças, textos de constituições nacionais, etc., etc.

A empresa, embora possível, não é fácil. Uma coisa é partir de um texto já codificado para a descoberta dos princípios jurídicos fundantes. Outra é descobri-los a partir de textos vários, esparsos alguns.

Mas aí se encontra, precisamente, a Constituição europeia. Tal como ela é hoje, e tal como ela pode ser. Sem voluntarismos proclamatórios, que sempre redundariam em tentações eventualmente demofílicas, mas quase sempre mais ou menos anti-democráticas.

Uma alternativa a esta perspectiva é a do positivismo legalista alçado a constitucionalista e constituinte. Só acreditar na constituição depois de lhe ter tocado o lado, como S. Tomé, como se o Reino Unido a não possuísse... Mesmo que também nunca tenha tido verdadeiro Estado.

Outra alternativa é a do puro formalismo. Afirmar, numa aplicação *à outrance* (talvez inconsciente até) do conceito histórico-universal de constituição, que tal coisa é a forma institucional de todo o complexo organizacional com poder pelo menos a partir de um certo nível de relevância (e para mais com hino e bandeira também): e que todo o complexo em causa tem, teve e terá, uma constituição.

No pólo oposto, está o rigorismo constitucionalista do conceito ideal de constituição, para o qual, no limite, a última constituição autêntica terá vindo à vida nos finais do séc. XVIII. Ou nunca terá existido...

Entre o positivismo e o formalismo, de um lado, e o rigorismo, do outro, é possível aceitar a existência já hoje de uma constituição europeia *sui generis*, evidentemente, e tal é sobretudo importante não para a interpretação das normas, dado que o primado do europeu existe independentemente das proclamações de constitucionalidade. Mas sobretudo para desdramatizar o problema.

Não podemos esquecer que muitas das fórmulas encontradas para a União Europeia são de signo federalizante. Ora, essa tendência, mesmo que em rigor se não trate nem se venha a tratar nunca de uma verdadeira e própria federação, essa tendência apenas, coloca--nos em boa medida na órbita do constitucional. Por outro lado, e ao contrário do que poderia pensar-se, os factores de integração decerto não conduzirão a um mega-Estado, mas a um *aliud*, pós-estadual, na medida em que tal é, além do mais, o signo próprio dos tempos que vivemos. Uma constituição europeia é-o sobretudo em sentido material e algo como leis fundamentais "dos reinos", no seio do pluralismo jurídico contemporâneo, de plúrima sede normogenética, e que nos obriga a ser juristas neo-alto medievais, como dizia Luigi Lombardi Vallauri: temos doravante de escolher as fontes, de as escolher ainda melhor por entre a selva do local, do estadual, do europeu, do global...

Daí também que, se o conceito de Estado deixa de servir de modelo à forma institucional da União, do mesmo modo apenas o conceito transtemporal de constituição material lhe pode servir. Auxiliado pelas formas mais pós-modernas (posto que não folcloricamente pós-modernas) de encarar o fenómeno constitucional.

Assim, a Constituição europeia não será, sem dúvida não será, uma Constituição como a definida por Marcello Caetano:

"(...) Constituição é o Estatuto do governo do Estado. Nela se delineia – a estrutura política do Estado e se estabelecem os limites da sua autoridade."[142]

Mas sem dúvida é já o que descreveu Gomes Canotilho (analisamo-la em "tópicos"):

"A Constituição é um estatuto reflexivo que, através de
– certos procedimentos,
– do apelo a auto-regulações,
– de sugestões no sentido da evolução político-social permite
– a existência de uma pluralidade de opções políticas,
– a compatibilização dos dissensos e
– possibilidade de vários jogos políticos, a garantia da mudança através da construção de rupturas."[143]

Cremos que a jurisprudência, que é a principal obreira prática da Constituição europeia, pode legitimamente ter a qualificação de formadora desse estatuto reflexivo.

Nunca nenhum povo em nenhum estado foi mais feliz pela simples obra e graça de um texto constitucional. No caso europeu, algumas desgraças adviriam certamente da feitura apressada, retórica e cupulista de um texto, cujo mais desejável destino seria, então, que não passasse de simples folha de papel.

---

[142] Marcelo Caetano, *Lições de Direito Constitucional e de Ciência Política* (1951-1952), Coimbra, Coimbra Editora, 1952, p. 2.
[143] José Joaquim Gomes Canotilho, *Direito Constitucional*, 5.ª ed., Coimbra, Almedina, 1991, p. 14.

Parte VII

DIREITO, CONSTITUIÇÃO E CIDADANIA

CAPÍTULO I
Introdução

O que normalmente por aí se vai afirmando sobre Constituição e Cidadania, se não é inteiramente falso nem de todo erróneo, todavia, pela falta sistemática e persistente de algumas outras perspectivações, acaba por distorcer profundamente os objectos em causa e as suas relações recíprocas.

Procurarei não me esquecer que falo para cientistas, e por isso mesmo tratarei não de vulgarizar o tema, mas de não convocar um léxico demasiado técnico-jurídico que tornaria opaco o meu discurso, e imprestável esta tentativa iconoclasta. Todavia, sempre alguns conceitos certamente novos terei de ir introduzindo, e sobretudo alguma redefinição de conceitos.

Aliás, creio que deverei até começar um pouco antes do nosso tema, com uma nota introdutória que, por paradoxal que pareça, tanto será útil a não juristas como a juristas: uma pequena explicitação sobre Direito e Política.

Assim, o meu plano, no escasso tempo de que dispomos, é o seguinte:

1. Explicar que Direito e Política não são a mesma coisa, apesar das muitas relações que entretecem. E que, embora no tempo presente se misturem bastardamente, a sua confusão prática só leva à perda do progresso científico e civilizacional que constituí a invenção do Direito (anterior à da própria Geometria, diz Michel Serres).

2. Ponderar que na Constituição estão presentes elementos jurídicos e políticos – sendo ela "estatuto jurídico do polí-

tico", o que a torna especialmente vulnerável quer a interpretações totalmente politizadoras (Constituição como simples repositório de "conquistas" revolucionárias, por exemplo) ou acanhadamente juridistas (nada há sob o sol senão o articulado da Constituição).

3. E agora entramos no cerne da questão: Desfazer, em consequência, a falsa ideia de que a Constituição é um livro ou aquilo que nele está escrito: não será só nem será tudo. Mesmo no puro plano da melhor doutrina jurídica, mas não juridista.

4. E combater também a perspectiva segundo a qual a Cidadania será apenas, na perspectiva hiper-juridista (até algo caricatural pelo seu grosseiro literalismo) um problema de nacionalidade (art. 4.° que fala em Cidadania Portuguesa), uma questão de nacionalidade, e na óptica política (mas contaminada já de juridismo, ou vice-versa..) uma questão de simples exercício do poder pelo povo "nos termos da Constituição" (art. 108.°), ainda que activa e sem discriminações (art. 109.°).

5. Destes esclarecimentos e destas antíteses deverá ficar mais ou menos claro qual é, alternativamente, a nossa noção de Direito, Constituição e Cidadania.

CAPÍTULO II
Política e Direito

Para o nosso presente intento, comecemos por contar uma historieta verídica. Sou muito desmemoriado, sobretudo para coisas mutáveis. Aliás, fui aluno em Coimbra e tive até a honra de ver um livro meu prefaciado pelo Doutor Orlando de Carvalho, o qual nas aulas, eloquentíssimas, dizia que quando, por acaso, decorava um artigo dum Código ia dar uma volta à Praça da República a ver se o mal passava. Por essa atitude avessa a memorizações tenho tido ao longo da vida de encontrar mnemónicas para algumas utilidades quotidianas.

Quando a Faculdade de Direito de Coimbra esteve em obras vultuosas, nos finais dos anos 70, as aulas foram distribuídas pelas outras Faculdades, principalmente as científicas. Ora, para não me enganar nos edifícios, aliás gémeos, das Químicas e das Físicas na Faculdade de Ciências e Tecnologia, a mnemónica que encontrei foi a seguinte (perdoem-me os especialistas o simplismo herético do meu raciocínio): Físicas, mais estáticas, menos interventoras sobre a matéria, logo, mais conservadoras, à direita; Químicas, mais revolucionárias, mais interventivas, mais explosivas, no limite, à esquerda.

Pois é uma analogia semelhante a que proponho para a distinção entre Direito e Política.

O Direito não é, como se costuma dizer, num extremo legalismo aliás cego à realidade plural que aí está, um conjunto de normas e regras. O Direito, tem um compromisso com a Justiça. E nesse sentido é uma constante e perpétua vontade de atribuir a cada um o que é seu.

Mas a verdade é que se a nossa cabeça enquanto leitores do positivismo legalista dominante nos fala em ordem, obediência, coacção, a nossa visão enquanto consumidores de *media* diz-nos que se exige do Direito, hoje, um activismo interventivo que em nada o distingue da política senão numa certa formalidade.

No fundo, a ideologia difusa dos media, ecos de reivindicações, identifica o Direito com a Política vertida em artigos. O Direito, de resto também identificado com a legislação, seria assim a fórmula mágica que transformaria o mundo.

Nada de mais errado. O compromisso do Direito com a Justiça, sem deixar de o ser com a Justiça social – e por isso desde sempre aplaudimos pessoalmente a ideia de um rendimento mínimo garantido ou medida equivalente nos fins –, não é tão pontual, nem ideológico. O Direito é a Física. A Política é a Química.

Claro que não ignoro que existe uma Física Química... Será que existe uma Química Física? Isso já não sei.

O Direito enquanto disciplina ou ciência (embora eu defenda que ele é mais arte que ciência) surgiu precisamente, em Roma, como uma forma altissimamente elaborada e um progresso notabilíssimo na luta dos homens pelos bens escassos e pelo poder escassíssimo. Convencionou-se que determinadas matérias passariam a ser não só consensuais na prática, como comportamentos e soluções protegidas coercitivamente em caso de violação. Como que se estabeleceu o mínimo denominador comum ético-social.

O Direito é isso: é a base social mínima para podermos viver em sociedade, e como tal a intervenção política sobre ele, se é inevitável, tem de fazer-se com o maior cuidado... A Química não terá que respeitar as leis da Física? Além das suas leis próprias. Sob pena de explosão.

CAPÍTULO III
Constituição, Direito e Política

Não foi por acaso que o principal direito dos Romanos era privado, e que sobretudo esse ainda hoje o utilizamos, com muito menos alterações que se possa julgar. Porquê? Porque em matéria civil e comercial, salvo os progressos técnicos, talvez não haja muito a mudar. Enquanto a imaginação política e estadual é um caleidoscópio sem fim...

A Constituição, ordenação fundamental de uma comunidade política suficientemente autónoma, é precisamente o instrumento de governo de longo curso (esperar-se-ia, pelo menos) dessa comunidade, podendo em certo dos seus sentidos, identificar-se com a própria forma ou essência políticas da mesma.

A Constituição pode ser encarada, desde logo, por duas perspectivas: a majoritária (talvez quase unânime) entre nós considera-a como a norma das normas, prevalecendo sobre todo o demais ordenamento jurídico; outra visão é a que a limita a código do direito político, retirando-lhe alçada sobre os demais ramos do direito, numa perspectiva que, evidentemente, não colocará o Direito Constitucional completamente acima dos demais.

Considerando que a Constituição é instrumento fundante e se encontra pelo menos num lugar bem alto na pirâmide normativa, é certo que a politização de todo o Direito, por sua via, se pode introduzir mais facilmente em toda a estrutura jurídica. Mas tal também só sucederá se não se tiver uma ideia da separação das águas.

Uma visão timidamente juridista, enquadrada pela teoria jusfilosofica positivista, para a qual a lei é dura mas é para cumprir (*dura lex sed lex*), e o que não está no papel não existe no mundo (*quod non est in actis non est in mundo*) lê a Constituição tanto ao pé da letra que o faz de forma míope, não despegando o olhar do papel... E nessa óptica se poderia dizer que as Berlengas não pertencem ao território português porque não figuram no respectivo artigo da Constituição (art. 5.º), e mais: *a contrario sensu* se deduz mesmo que não pertencem, porque não sendo continentais, nem pertencendo aos arquipélagos dos Açores e da Madeira (e só nessas três hipóteses fala o art. 5.º, n.º 1)... só poderiam ser terra de ninguém.

Uma visão pan-politizadora da Constituição usa-a como instrumento da política. Pode ver-se, por exemplo, a sem-cerimónia com que foram feitas todas as revisões constitucionais entre nós, independente dos seus resultados haverem sido bons ou maus. Técnica da dupla revisão, revisão por acordo entre partidos maioritários sem atenção aos demais, revisão por exigências formais exteriores: no contexto da União Europeia, primeiro, e, anunciadamente, para permitir a entrada no Tribunal Penal Internacional, neste caso dando de barato um património constitucional de há muito adquirido: renunciando a um progresso ético jurídico irreversível no plano substancial – a recusa da prisão perpétua, que fomos pioneiros em abolir.

CAPÍTULO IV
Constituição formal e Constituição material

Estes exemplos já nos permitem suspeitar que há mais subtileza nas teoria e metodologia constitucionais. E que não podemos ficar sem mais sem as Berlengas, e que talvez não devêssemos mudar a Constituição tanto a reboque dos ventos políticos, nacionais ou internacionais, do momento.

O instrumento de análise que vos proponho é um bisturi especial, com duas lâminas. Vamos dissecar a Constituição, e descobrimos que ela tem... uma alma e um corpo. Ou, se preferirmos, um espírito, uma alma e um corpo. O espírito seria aquilo a que se chama Direito Natural, Direito Vital, mas que os cientistas saberão reconhecer facilmente se lhe dermos um velho nome latino: *natura rerum*, natureza das coisas. Esse espírito a tudo preside no Direito: é que, como disseram os Romanos, o que a própria natureza das coisas proíbe nenhuma lei pode confirmar. Os cientistas sabem isso muito bem, e era o que Aristóteles já sintetizava: não se navega por um acto voluntarista sobre o mar, ou chicoteando-o como rei de mau perder. Mas domina-se o mar obedecendo às suas leis, aproveitando-as em nosso proveito. Claro que o grande problema é mais de saber se há também uma natureza humana que determine ou pelo menos aconselhe certos comportamentos... Por isso, e para não entrarmos numa fascinante mas interminável discussão, recorramos apenas à dualidade: a dicotomia é mais simples.

O corpo da Constituição é aquilo a que chamamos Constituição formal. Claro que o simples livro, ou *disquette* ou disco duro em que o texto se guarda nem sequer é forma, é instrumento: e por isso lhe chamamos constituição (em sentido) instrumental. Constituição formal é o conjunto de enunciados linguísticos (ainda não há outros, por enquanto) que exprimem certas ideias, normalmente comandos, e que se articulam num todo que é um Código, um código de direito político.

A alma da Constituição, princípio vital do corpo, seu motor, seu agente, tal como a alma humana, também não se capta na ponta do bisturi, mas sabemos que está lá. Pelos seus efeitos, ou ausência deles.

Evidentemente que, tal como há negadores da alma humana, também há negadores (ou distorsores) da ideia de Constituição material que é daquilo de que agora queremos falar. Mas obviamente que se pode acreditar numa coisa e não na outra, e vice versa, porque tudo isto é só uma metáfora. Prosseguindo com ela se dirá, apenas com algum exagero, que classicamente se poderia considerar a Constituição britânica como uma espécie de entidade angélica. Porque, não se encontrando codificada num livro com tal nome, seria como que alma sem corpo. Todavia a Constituição instrumental britânica encontra-se é dispersa por vários textos, embora, para os determinar, se tenha de fazer apelo à ideia de Constituição material (ainda que não expressamente): porque, a não ser assim, como se saberia quais são os textos existentes desse livro que não existe?

Pois a Constituição material pode ser entendida em vários sentidos, mas o mais útil e mais razoável é aquele que remete para os princípios fundamentais de Direito (de todo o Direito), princípios esses que se encontram imanentes ao texto constitucional ou até mesmo para além dele, e sendo-lhe superiores. Trata-se, assim, da ideia de uma normatividade (no sentido de juridicidade) material que, como como bem sintetizou Rogério Ehrhardt Soares, "preside ou domina o próprio texto"[144].

Evidentemente que o problema que se coloca é o da latitude de interpretação desta alma constitucional, nos princípios transcendentes e imanentes que convoca.

---

[144] ROGÉRIO EHRHARDT SOARES, *Direito Constitucional: Introdução, o Ser e a Ordenação Jurídica do Estado, in Instituições de Direito*, vol. II. *Enciclopédia Jurídica*, org. nossa, Coimbra, Almedina, 2000, p. 78.

Com a necessária prudência que impeça quaisquer subjectivismo ou voluntarismo interpretativos, esta ideia é muito fecunda, e por ela se chega à outra lâmina do nosso duplo bisturi: é que se pode haver normas constitucionais fora do texto da Constituição, e até mais importantes que pelo menos algumas das que lograram consagração textual, e se também pode haver normas constitucionais de menor dignidade aí insertas, se o mais importante acaba por ser essa ordem superior que a Constituição, *tant bien que mal*, incorpora ou traduz, então não custará admitir, seguindo desde logo o célebre Otto Bachof, que haja *normas constitucionais inconstitucionais*[145].

Ou seja – e esta será talvez a maior revolução nos lugares comuns veiculados pelos não juristas que sobre estas coisas falam – há aqui fundamentalmente duas teses que felizmente não fui eu a inventar, mas que perfilho, e que alteram muita coisa dada por adquirida por muita gente:

1) Primeiro, a Constituição tem um cerne, princípios, valores, etc., que podem não estar escritos muito direitinhos no seu texto, mas que a enformam materialmente, que lhe dão realmente vida. Por exemplo, comparando a nossa constituição escrita, formal, com a espanhola vemos que os valores são os mesmos, mas a Constituição espanhola consagrou-os expressamente e a nossa não. Certamente vantagens metodológicas de ter vindo dois anos depois...

2) Segundo, pode acontecer que se consagrem normas cujo sentido ou efeito prático colida com os valores ou princípios constitucionais. Essas normas serão normas constitucionais (formalmente) inconstitucionais (materialmente). Durante muitos anos estivemos persuadido que uma norma que expressamente permitisse coisas como o retrocesso civilizacional e ético-jurídico que constituiria o fim da proibição da pena de morte provocariam um escândalo ensurdecedor. Ao ver

---

[145] OTTO BACHOF, *Normas Constitucionais Inconstitucionais?*, trad. port., Coimbra, Atlântida, 1977.

o que irá certamente suceder com a prisão perpétua (que está proibida pelo art. 30.º, n.º 1, e além disso é, efectivamente, uma forma de pena cruel, degradante e desumana à luz da nossa actual cosmovisão e sensibilidade humanitária, e por isso proscrita também pelo art. 25.º, n.º 2), temos as maiores dúvidas.

Acrescente-se finalmente que, como aliás parece lógico, quando o Direito legislado descura a Justiça, não trata de permitir a recta atribuição do seu a seu dono, não está a ser Direito e a lei que possa desviar-se desses princípios não será em rigor lei (*lex iniusta non est lex*), ou, o que é o mesmo, será uma lei injusta.

A primeira grande consequência a tirar (mas a analisar com mil cuidados e a aplicar com a maior prudência, sob pena de se cair na maior anomia) é a de que a lei injusta é substancial ou materialmente inconstitucional[146].

E como há, entre nós como em muitos países, uma jurisdição constitucional, a tarefa da mesma é declarar precisamente isso: a erradicação da norma corrupta do seio da ordem jurídica.

---

[146] Cf., por todos, JUAREZ FREITAS, *A substancial inconstitucionalidade da lei injusta*, Petrópolis, RJ, Vozes; Porto Alegre, RS, EDIPUCRS, 1989.

CAPÍTULO V
Cidadania

É dotados destes instrumentos que devemos partir para a análise do problema da Cidadania. Eles não são os únicos, e talvez nem sejam suficientes, mas são vitais para não nos *venderem gato por lebre*.

O exercício da cidadania não é, assim, sermos "livres porque obedientes às leis", já que as leis não são todo o direito, mas uma estilização verbal do mesmo, e, quando o não sejam, são leis injustas, e, por isso, anti-Direito, mesmo que sejam até normas constitucionais (inconstitucionais).

Nem a cidadania é o papel confiado aos actores-cidadãos no filme de que a Constituição seria o guião.

Para ilustrar esta questão vou contar-lhes mais uma parábola. Animado com o facto de haver em Espanha ensino liceal da Cultura Clássica, e em mais que uma cadeira, comprei um muito sedutor manual da mesma, feito todo em colorida banda desenhada. Ia inebriado com a forma didáctica como se iam expondo as matérias, quando deparo com o seguinte texto, num capítulo sobre os "Habitantes da Hispânia":

> "La sociedad clásica es desigual y está marcada por diferencias de sexo, libertad, edad, economía o ciudadanía. Aunque todavía permanecen estas diferencias en nuestra sociedad actual, hoy se camina hacia la igualdad gracias a la *Constitución española* democrática de 1978"[147].

---

[147] ALFONSO ALCALDE-DIOSDADO GÓMEZ, *Cultura Clásica*, I, 2.º Ciclo, Saragoça, Editorial Luis Vives, 1999, p. 66.

Dando de barato que a Constituição Espanhola de 78 não será certamente panaceia para todos os herdeiros do mundo clássico, nem sequer para todos os actuais habitantes da Hispânia, e também nem atentando em pormenor no facto de as actuais diferenças (na verdade desigualdades ou discriminações) serem, em geral, bem diferentes das clássicas, há uma coisa que particularmente me chocou, mas creio que não chocará toda a gente: é o achar-se que o caminho para a igualdade pode ser conseguido pela varinha mágica de um texto constitucional. E ainda para mais só o de 78, com absoluto desprezo por todos os passos historicamente anteriores nesse sentido.

Este complexo do *eterno presente* ucrónico é tanto mais absurdo quanto figura numa obra que procura enaltecer o valor formativo das Humanidades.

Seja como for, é este tipo de distorção intelectual, de deformação histórica e da natureza das coisas que gostaria poder contribuir para que evitássemos naqueles que formamos.

Não são a Constituição portuguesa de 76 ou a espanhola de 78 que nos salvam da desigualdade ou que nos conferem a cidadania. Elas não são mais que estilizações verbais do Direito nessa matéria. O Direito constitucional está antes da Constituição. A Constituição e as normas que regulam *tant bien que mal* a cidadania são apenas soluções técnico-juridicamente encontradas para expressar direitos de cidadania que pré-existem mesmo ao momento de constitucionalização, levado a cabo pelo poder constituinte.

Portanto, ao contrário do que possa supor-se, a Cidadania e os seus direitos (que são direitos fundamentais, de índole constitucional) não nos foram outorgados pela Assembleia Constituinte que os plasmou em letra de forma constitucional. Pelo contrário, e como é reconhecido pelo próprio Preâmbulo da Constituição (embora talvez não se leia bem pela confusão de questões aí presente), tudo aconteceu inversamente[148]. É a própria Constituição que aí deixa

---

[148] Tal é corroborado pela seguinte afirmação, recolhida em fonte de grande autoridade: "a assembleia constituinte assumiu-se, então, como titular do poder soberano outorgado pelo povo em eleições democráticas", Diário da Assembleia da República, 24.6.1995, *apud* ACADEMIA DAS CIÊNCIAS DE LISBOA,

Cidadania 231

claras várias coisas neste sentido. A mais importante é a de que a Assembleia Constituinte é formada por representantes do povo que pretendem redigir uma Constituição que corresponda "às aspirações do País". Assim, ao aprovar e decretar a Constituição, a Assembleia fá-lo falando em nome do que considera ser a "decisão do povo português". Do mesmo modo que o acto jurídico revolucionário do MFA foi uma atitude de interpretação dos "sentimentos profundos", e – aqui vê-se muito claramente que a cidadania é independente das outorgas constitucionais e dos regimes de facto que vigorem – "coroando a longa resistência do povo português".

Nestes termos, e embora o respeito pela Lei e pela Constituição legítimas sejam, em princípio, deveres de todo o cidadão e forma de exercício da cidadania (na medida em que se trata de leis justas, e, mesmo no caso das injustas, a desobediência é limitada pela teoria do mal menor), o título em que se funda o exercício da cidadania é superior (e, como vimos, anterior) à Constituição. Aliás, se o não fosse, não haveria exercício do poder constituinte, designadamente tornando impossíveis as revisões constitucionais. Ou revoluções como a que começou em 25 de Abril. Ora este carácter implica que o primeiro dever de cidadania é a vigilância atenta sobre a Justiça (e oportunidade) das normas jurídicas e dos actos políticos e administrativos.

É muito importante que se funde a Cidadania nos Direitos fundados na Constituição material ou até nessa entidade que apenas afloramos, mas que é essencial, o Direito Natural. E a Cidadania é, hoje, uma aquisição do Direito Natural.

Desta concepção autónoma e não institucionalmente subordinada de Cidadania decorrem muitas consequências, mas há uma que queremos sublinhar. É que ninguém se pode queixar da falta de Cidadania, porque ela é obra de todos e de cada um.

Dicionário da Língua Portuguesa Contemporânea, Verbo, Lx./S. Paulo, 2001, vol. I, p. 383 (v. "assembleia").

Não há entraves institucionais, constitucionais, legais, administrativos burocráticos, policiais... à Cidadania que não excitem a própria Cidadania. Porque a Cidadania não é outra coisa senão a actualização e o permanente pôr em prática da *Liberdade*, em todas as suas dimensões.

Ora em relação a esse aspecto encontramo-nos, aqui e agora, numa situação algo paradoxal.

Como o tempo é curto, vou fazer a economia de longas considerações que tinha preparado sobre a diferença entre a Liberdade e a Cidadania dos Antigos e dos Modernos, poupar-vos-ei a muitas referências a Gregos e Romanos e algumas da Revolução Francesa e do Liberalismo, e tentarei expor os que considero ser os maiores problemas da Cidadania em Portugal, hoje.

Para isso permitam-me que lhes conte mais uma história das minhas. Tiro-as de dois textos.

O primeiro, é de um guia de instruções para a vida (a vida que pessoas como eu, que acreditaram na carreira do actual Estatuto da Carreira Docente Universitária, quase se iam esquecendo de viver, para agora termos a paga que aí vem. Mas esta é a minha única referência actual e educativa, estejam descansados). Desse guia, traduzido e (ligeiramente adaptado, como se deduzirá) do inglês, respigo alguns mandamentos:

25. Pede aumento de salário quando achares que o mereces
44. Respeita os professores
45. Respeita os polícias e os bombeiros
46. Respeita os militares.
53. Vota.
55. Deixa de culpares os outros. Assume a responsabilidade por todo e qualquer aspecto da tua vida.
63. Lembra-te sempre que todas as notícias são tendenciosas
100. Conhece bem os teus direitos de cidadania
112. Nunca discutas com agentes da polícia e trata-os por "senhor agente"

147. Apaga a televisão sempre que estiveres à mesa

151. Trava conhecimento com um bom advogado, um bom contabilista e um bom canalizador

152. No dia 10 de Junho arvora a bandeira portuguesa

153. Quando cantares o hino nacional levanta-te e coloca a mão sobre o coração

172. Desconfia de todos os políticos

180. Luta contra o preconceito e a discriminação sempre que te surgirem pela frente.

223. Elogia os outros publicamente.

241. Respeita a tradição.

259. Foge dos processos judiciais como o diabo foge da cruz.

270. Chega sempre ao trabalho mais cedo e fica para além da hora de saída.

292. Não queimes as pontes. Ficarias admirado se soubesses antecipadamente quantas vezes na vida vais ter de cruzar o mesmo rio.

293. Não prolongues os estados de dúvida. Aprende a dizer *não* educada e rapidamente.

319. Evita a inveja. É a fonte de grande parte da infelicidade.

357. Faz saber aquilo que pensas aos teus representantes na Assembleia da República e nos órgãos autárquicos. Telefona-lhes para os respectivos serviços de atendimento ao público.

358. Sê sempre categórico mesmo que isso signifique que por vezes estejas errado.

362. Tens de saber quando o melhor é estares calado.

363. Tens de saber quando é importante fazeres ouvir a tua voz.

398. Começa sempre as reuniões à hora, falte quem faltar.

421. Atenção à tua reputação. É o teu bem mais precioso.

465. Quando falares à imprensa, lembra-te de que a última palavra é sempre deles.

505. Sê um líder: lembra-se de que o cão que lidera o trenó é o único que goza de uma bela vista."[149]

Não nos identificamos, evidentemente, com a forma nem o fundo de todos estes conselhos. Mas eles merecem atenção. O mais interessante nesta lista é que ela espelha muito mais a mentalidade empreendedora, autónoma, liberal, dos anglo-saxónicos que verdadeiramente os simples e singulares conselhos do pai ao filho. E essa frontalidade, independência, esse contar com as próprias forças é o que nos falta, nos falta muito.

Somos invejosos e somos dependentes. Esperamos sempre que o Estado nos ajude, pedimos licença para demasiadas coisas, parece que até a pedíamos aos colonizados quando fomos colonizadores... A estes aspectos da nossa maneira de ser, que Teixeira de Pascoaes de algum modo já detectara na sua *Arte de ser Português*[150] acresce um *nem-nem –ismo* meias-tintas, legado certamente do terror das Inquisições que nos vergou a cerviz.

Conclusão, aquelas normas podiam talvez reduzir-se a uma, que nada custava mas que me parece insensivelmente, e apesar de toda a contaminação gananciosa a que temos ultimamente estado sujeitos, ainda não nos conquistou. Ousemos mostrar-nos:

"404. Quando assistires a uma conferência, senta-te na primeira fila."

É isso que nos falta: dar a cara. Não há cidadania sem assunção de responsabilidades, sem riscos, sem o *dar a cara*.

Primeiro paradoxo: o exercício da cidadania, *hic et nunc*, esbarra mais com obstáculos temperamentais que com barreiras legais

---

[149] H. JACKSON BROWN, JR., *Life Little Instruction Book*, Nashville Tennesse, Rutledge Hill Press, 1991, trad. port. de Carlos Leite Borges, *Pequeno Livro de Instruções para a Vida*, 2.ª ed., Lx., Gradiva, 1997.

[150] TEIXEIRA DE PASCOAES, *Arte de Ser Português*, ed. de Lx., Assírio e Alvim, 1991.

ou institucionais. Ainda tememos muito desagradar a chefes, a patrões, a governos, a pessoas influentes, ao nosso círculo de amizades ou de conhecimentos. Somos ainda muito dependentes do olhar dos outros e das boas graças dos outros. País de excessivos funcionários públicos, país de demasiados feudalismos, tememos. E temos razões para temer, porque sabemos decerto todos de quem se tenha atrevido e se tenha dado mal.

A segunda citação é, apesar de tudo, menos longa. É do historiador de arte Bernard Berenson, sobre as características particulares da pintura veneziana em comparação com a demais pintura italiana do Renascimento:

> "O crescente deleite pela vida com o consequente amor pela saúde, a beleza e a alegria sentiam-se mais poderosamente em Veneza que em nenhum outro sítio de Itália. A explicação de tudo isto pode encontrar-se no carácter do governo veneziano, que era de um modo tal que deixava pouco espaço à satisfação da paixão pela glória pessoal, e mantinha os seus cidadãos tão ocupados com deveres de Estado que tinham pouco tempo para aprender. Assim, pois, algumas das principais paixões do Renascimento não encontraram saída em Veneza; pelo que as demais paixões haveriam de ser ainda mais satisfeitas."[151]

O problema aqui é o de saber se não somos Venezianos à nossa maneira. Se a nossa proverbial bonomia (*les portugais sont toujours gaies*), hospitalidade, brandos costumes e, até gosto culinário apurado não são sucedâneos de uma verdadeira participação na coisa pública.

---

[151] BERNARD BERENSON, *The Venetian Painters of the Renaissance*, Nova Iorque, 1899. Gombrich critica profundamente este tipo de explicação histórica (que considera "charla fácil"), mas não é desse problema que desejamos tratar. Cf. E. H. GOMBRICH, *Topics of our Time*, Phaidon Press, 1991, trad. cast. de Mónica Rubio, *Temas de Nuestro Tiempo. Propuestas del Siglo XX acerca del Saber y del Arte*, Madrid, Debate, 1997, p. 64.

Mas mesmo no texto citado sentimos a ambiguidade e contradição. O Estado pouco premearia a glória pública, mas, ao mesmo tempo, imporia demasiadas obrigações. O que afastaria os Venezianos do aprender.

Recordo que também o Rei Sol submeteu a nobreza dando-lhe funções aparentemente importantes e enquadrando-a no espartilho duma rígida etiqueta de corte.

Tenho para mim que o Estado actual não premeia muitos dos que devia premiar. Desde logo os professores (ai que faço segunda referência educativa), os verdadeiros intelectuais, etc. Mas, pior do que isso, enreda o cidadão e sobre-ocupa as pessoas com burocracias embotadoras e, com serviços como os de saúde ou da justiça tão lentos, potencia o desperdício empregando os cidadãos nas irritantes tarefas do esperar...

Mas ainda mais: de há anos a esta parte que as pobres crianças (não adianta, tenho de falar...), carregando a casa às costas como tartarugas, saem de casa e da família, vergadas ao peso de tanto livro (que depois não aprenderão a amar) para passarem cada vez mais tempo numa escola que cada vez ensina menos e forma menos.

Super-ocupados com a sobrevivência que lhes consome cada vez mais horas de trabalho (mais as intermináveis filas de engarrafamento), os pais destas crianças passam com elas cada vez menos tempo, endossando para a escola a sua educação básica, cívica... toda. Mas simultaneamente, porque com sentimento de culpa e incapazes de assumirem as diversas facetas de uma educação normal, serão os primeiros a processarem o professor que procure disciplinar um seu filho que se tenha tornado insuportável.

Podemos, pois, gozar pela Constituição de múltiplas liberdades de cidadania. Mas não temos tempo (nem dinheiro) para delas usar.

Mesmo profissões que pela sua natureza convidavam à reflexão e, pela inexistência da pressão hierárquica e de horários muito rígidos convidavam à utilização do tempo em actividades em prol da coisa pública, como as de professor ou advogado, entre outras, tendem, pela aceleração da vida moderna, por um lado, e pelas imposições legais cada vez mais espartilhantes e exigentes (não de real qualidade, mas de afectação ou *visibilidade*), a encerrar-se no seu casulo disciplinar.

Não há dinheiro, não há tempo. A Cidadania, lembremo-nos só desta nota histórica, não é coisa para escravos ou sequer para sobre--ocupados metecos. É ofício para gente livre e economicamente independente, que só a propriedade e a segurança trazem liberdade de espírito, *otium cum dignitatem*, para pensar e para dedicação à coisa pública.

Em lugar de uma sociedade de cada vez mais cidadãos, porque cada vez mais livres de tarefas embrutecedoras de que a máquina nos poderia mais e mais libertar, temos uma vida política de cada vez mais funcionários políticos.

O Estado de partidos, que tão grande reflexão tem suscitado em Espanha (mas não entre nós: suspeito que novamente por razões já afloradas *supra*), não é só uma forma morbosa de democracia formal ou técnica. É ainda uma barreira à cidadania, que se pode e deve exercer pelos partidos, mas que está longe de se esgotar neles ou de lhes conferir qualquer monopólio legítimo da representação. Mas por toda a parte vai sendo cada vez mais o triunfo dos especialistas sobre os amadores.

Ora a Cidadania é a política do amador.

Consola-nos o facto de que, contra tudo e contra todos, sempre haverá amadores que, pelo seu amor à camisola, correrão mais longe e melhor que os rotineiros assalariados.

A cidadania não morrerá nunca. "Há sempre alguém que resiste, há sempre alguém que diz não" diz o fado de Manuel Alegre. O problema é quando há situações paradoxais em que, precisamente porque se encontram proclamadas todas as liberdades, não nos damos conta que elas definham sem a nossa participação, com o nosso acomodamento, com o nosso alibi do "mal menor". Ora sem vigilância e sem participação não há Constituição formal que nos valha. Ela será, como um dia disse Lassalle, uma simples *folha de papel*. De nada adianta uma Constituição formal sem que os factos, a Constituição real, se encarreguem de lhe dar vida.

Sentemo-nos na primeira fila, sejamos Cidadãos.

BIBLIOGRAFIA CITADA

Não figuram aqui os trabalhos do autor e obras apenas incidentalmente referidas. Os clássicos não levam indicação de edição.

AA. VV., *Corte Costituzionale e Principio di Eguaglianza*, Pádua, Univ. degli Studi di Padova, 2002.

ACADEMIA DAS CIÊNCIAS DE LISBOA, *Dicionário da Língua Portuguesa Contemporânea*, Verbo, Lx./São Paulo, 2001

ACKERMAN, BRUCE, *Social Justice in the Liberal State*, trad. cast. e introdução de Carlos Rosenkrantz, *La Justicia Social en el Estado Liberal*, Madrid, Centro de Estudios Constitucionales, 1993

ALAIN, "Les quatre vertues", de 13 de Janeiro de 1935, in *Propos*, I, texto estabelecido e apresentado por Maurice Savin, prefácio de André Maurois, Paris, Gallimard, 1956

ALBUQUERQUE, MARTIM DE (com a colaboração de Eduardo Vera Cruz), *Da Igualdade. Introdução à Jurisprudência,* Coimbra, Almedina, 1993

ALCALDE-DIOSDADO GÓMEZ, ALFONSO, *Cultura Clásica*, I, 2.º Ciclo, Saragoça, Editorial Luis Vives, 1999

ALEXY, ROBERT, *El Concepto y Validez del Derecho*, trad. cast. de Jorge M. Seña, Barcelona, Gedisa, 1994

AMARAL, DIOGO FREITAS DO, *Direitos Fundamentais dos Administrados*, in *Nos dez anos da Constituição*, org. de JORGE MIRANDA, Lx., Imprensa Nacional – Casa da Moeda, 1986

AQUINO, TOMÁS DE, *Summa Theologiæ*

AYUSO, MIGUEL, *El Agora y la Pirámide. Una visión problemática de la Constitución española,* Madrid, Criterio, 2000

BACHOF, OTTO, *Normas Constitucionais Inconstitucionais?*, trad. port., Coimbra, Atlântida, 1977

BARTHES, ROLAND, *Mythologies*, Paris, Seuil, 1957, ed. port. com prefácio e trad. de José Augusto Seabra, Lisboa, Edições 70, 1978

240   *Direito, Constituição e Cidadania*

BASTOS, JACINTO FERNANDES RODRIGUES, *Notas ao Código Civil*, I, Lx., 1987

BAUDRILLARD, JEAN, *L'Illusion de la fin ou la grève des évènements*, Paris, Galilée, 1992, trad. port de Manuela Torres, *A Ilusão do Fim ou a Greve dos Acontecimentos*, Lx., Terramar, 1995

BEIGNIER, BERNARD, *Portalis et le Droit Naturel dans le Code Civil*, in "Revue d'Histoire des Facultés de Droit et de la Science Juridique", n.º 6, Paris, LGDJ, 1987, pp. 77 ss..

BERENSON, BERNARD, *The Venetian Painters of the Renaissance*, Nova Iorque, 1899

BRITO, ANTÓNIO JOSÉ DE, "Relativismo e Direito", in *Valor e Realidade*, Lx., Imprensa Nacional-Casa da Moeda, 1999

BROWN JR., H. JACKSON, *Life Little Instruction Book*, Nashville Tennesse, Rutledge Hill Press, 1991, trad. port. de Carlos Leite Borges, *Pequeno Livro de Instruções para a Vida*, 2.ª ed., Lx., Gradiva, 1997

CAETANO, MARCELO, *Lições de Direito Constitucional e de Ciência Política (1951-1952)*, Coimbra, Coimbra Editora, 1952

CALDEIRA, REINALDO/SILVA, MARIA DO CÉU (compilação), *Constituição da República Portuguesa. Projectos, votações e posição dos partidos*, Amadora, Bertrand, 1976

CANOTILHO, J. J. GOMES/MOREIRA, VITAL, *Constituição da República Portuguesa Anotada*, 1.ª ed., Coimbra, Coimbra Editora, 1978

CANOTILHO, JOSÉ JOAQUIM GOMES, *Direito Constitucional*, 5.ª ed., Coimbra, Almedina, 1991

CANOTILHO, JOSÉ JOAQUIM GOMES, *Direito Constitucional e Teoria da Constituição*, Coimbra, Almedina, 1998

CARPINTERO BENÍTEZ, FRANCISCO, "Los Bienes Jurídicos", in *Manual de Filosofía del Derecho*, coord. FRANCISCO PUY MUÑOZ/ÁNGELES LÓPEZ MORENO, Madrid, Colex, 2000, p. 247 ss..

CARPINTERO, FRANCISCO, *Principios y Normas en el Derecho: una alusión intempestiva*, in "Anuario de Derecho", Universidad Austral, Buenos Aires, Abeledo-Perrot, n.º 4, 1998, p. 53 ss..

CARVALHO, ORLANDO DE, *Para uma Teoria Geral da Relação Jurídica Civil. I. A Teoria Geral da Relação Jurídica. Seu sentido e Limites*, 2.ª ed. actual., Coimbra, Centelha, 1981

CASTRO, MANUEL DE OLIVEIRA CHAVES E, *Estudo sobre o Artigo XVI do Código Civil Português*, Coimbra, 1971

COMTE-SPONVILLE, ANDRÉ, *Petit Traité des Grandes Vertues*, Paris, P.U.F., 1995, trad. port. de Maria Bragança, *Pequeno Tratado das Grandes Virtudes*, Lx., Presença, 1995

CORÇÃO, GUSTAVO, *O Século do Nada*, Rio de Janeiro/São Paulo, Record [2.ª ed. 1973]

COSTA, JOSÉ MANUEL M. CARDOSO DA, *O Princípio da Dignidade da Pessoa Humana na Constituição e na Jurisprudência Constitucional Portugueses*, Separata de *Direito Constitucional. Estudos em Homenagem a Manoel Gonçalves Ferreira Filho*, coord. de Sérgio Resende de Barros e Fernando Aurélio Zilveti, São Paulo, Dialética, 1999

CRUZ, SEBASTIÃO, *Direito Romano*, I, 3.ª ed., Coimbra, s/e, 1980

CHORÃO, MÁRIO BIGOTTE, *Introdução ao Direito, I. O Conceito de Direito*, Coimbra, Almedina, 1989

CHORÃO, MÁRIO BIGOTTE, *Reabilitação do 'Reino dos Fins' e defesa da Razão Prática*, separata de "O Direito",, ano 121.°, I, p. 225 ss..

CHORÃO, MÁRIO BIGOTTE, *Temas Fundamentais de Direito*, Coimbra, Almedina, 1986

DOMINGO, RAFAEL, *Confusionismo Jurídico, hoy*, in "Persona y Derecho. Revista de Fundamentación de las Instituciones Jurídicas y de Derechos Humanos", vol. 30, 1994, p. 118 ss..

DWORKIN, RONALD, *Taking Rights seriously*, London, Duckworth, 1977, trad. cast. de Marta Guastavino, *Los Derechos en Serio*, Barcelona, Ariel, 1977

ENGISCH, KARL, *Einfuehrung in das juristische Denken*, 3.ª ed., Estugarda, W. Kohlhammer, 1964, trad. (e prefácio) de João Baptista Machado, *Introdução ao Pensamento jurídico*, 5.ª ed. port., Lisboa, Fundação Calouste Gulbenkian, 1979, p. 318.

ESSER, JOSEF, *Grundsatz und Norm in der Richterlichen Forbildung des Privatrechts. Rechtsvergleichende Beitraege zur Rechtsquellen- und Interpretationslehre,* Tubinga, 1956

FERNÁNDEZ SEGADO, FRANCISCO, *Reflexiones en torno a la Interpretación de la Constitución*, in "Dereito. Revista Xurídica da Universidade de Santiago de Compostela", vol. 8, n.° 2, 1999, Servio de Publicacions da Universidade de Santiago de Compostela, 2000

FISKE, JOHN, *Introduction to Communication Studies*, trad. port. de Maria Gabriel Rocha Alves, *Teoria da Comunicação*, 5.ª ed., Porto, Asa, 1999

FREITAS, JUAREZ, *A substancial inconstitucionalidade da lei injusta*, Petrópolis, RJ, Vozes; Porto Alegre, RS, EDIPUCRS, 1989

FRISON-ROCHE, MARIE-ANNE/BARANÈS, WILLIAM (dir.), *De l'Injuste au Juste*, Paris, Dalloz, 1997

FROMONT, MICHEL, *La justice constitutionnele dans le monde,* Paris, Dalloz, 1996

FUKUYAMA, FRANCIS, *The End of History and the last Man.*, trad. port. de Maria Goes, *O Fim da História e o Último Homem*, Lx., Gradiva, 1992

GARCIA ALONSO, LUZ, *Naturaleza de los Valores*, in "Espiritu", ano XLIX, 2000, n.° 122

GARCIA DE ENTERRIA, EDUARDO, *La Constitución como norma juridica*, in "Anua-

242   *Direito, Constituição e Cidadania*

rio de Derecho Civil", série I, n.º 2, Madrid, Ministerio de Justicia y Consejo Superior de Investigaciones Cientificas, p. 292 ss..

GARCIA DE ENTERRIA, EDUARDO, *Reflexiones sobre la Ley y los Principios Generales de Derecho*, reimpr., Madrid, Civitas, 1986

GEACH, PETER T., *The Virtues*, Cambridge, Cambridge University Press, 1977, trad. cast. e apresentação de Jorge V. Arregui e Carlos Rodríguez Luesma, *Las Virtudes*, Pamplona, EUNSA, 1993

GÉRARD, PHILIPPE, *Droit, égalité et idéologie. Contribution à l'étude des principes généraux du droit*, Bruxelas, Facultés universitaires Saint-Louis, 1981

GODDARD, JORGE ADAME, *Filosofía Social para Juristas*, México, Universidad Nacional Autónoma de México/Mc Graw –Hill, 1998

GOMBRICH, E. H., *Topics of our Time*, Phaidon Press, 1991, trad. cast. de Mónica Rubio, *Temas de Nuestro Tiempo. Propuestas del Siglo XX acerca del Saber y del Arte*, Madrid, Debate, 1997, p. 64.

GÓMEZ PEREZ, RAFAEL, *Deontología Jurídica*, Pamplona, EUNSA, 1982

GOUVEIA, JORGE BACELAR/MOTA, HENRIQUE (org.), *Vida e Direito. Reflexões sobre um referendo*, Prefácio de António de Sousa Franco, Cascais, Principia, 1998

GOYARD-FABRE, SIMONE, *Les principes philosophiques du droit politique moderne*, Paris, PUF, 1997

GRAMSTRUP, ERIK F., *Alguns Pontos Luminosos*, in "Videtur", n.º 14, São Paulo/ /Porto, 2002 – http://www.hottopos.com/videtur14/erik.htm

GUILLERMO CICHELLO, RAÚL, *Teoría Totémica del Derecho*, Buenos Aires, Circulo Argentino de Iusfilosofia Intensiva, 1986

GUITTON, JEAN/ANTIER, JEAN JACQUES, *Le livre de la sagesse et de vertues retrouvées*, Paris, Perrin, 1998, trad. port. de Francisco Custódio Marques, *O Livro as Sabedoria e das Virtudes Reencontradas*, Lx., Editorial Notícias, 1999

HEIDEGGER, MARTIN, "Das Wesen der Freiheit", in *Vom Wesen der Wahrheit*

HEIDEGGER, MARTIN, *Einfuehrung in die Metaphysik*

HERNÁNDEZ MARÍN, RAFAEL, *Historia de la Filosofía del Derecho Contemporánea*, Madrid, Tecnos, 1986

HERVADA, JAVIER, *Los Derechos Inherentes a la Dignidad de la Persona Humana*, in "Persona y Derecho", Pamplona, 1991, *, suplemento Humana Iura, p. 345 ss..

HOECKE, MARC VAN, *El Uso de Principios Juridicos no Escritos por los Tribunales*, Separata de "Doxa", n.º 19 (1996), p. 424 ss.

HOMEM, ANTÓNIO PEDRO BARBAS, *A Utilização de Princípios na Metódica Legislativa*, Separata de "Legislação. Cadernos de Ciência de Legislação", INA, n.º 21, Março 1998

HOMEM, ANTÓNIO PEDRO BARBAS, *Reflexões sobre o Justo e o Injusto: A Injustiça como Limite do Direito*, Separata da "Revista da Faculdade de Direito da Universidade de Lisboa", Coimbra Editora, 1998

HUMBOLDT, WILHELM VON, *Ideen zu einem Versuch, die grenzen der Wirksamkeit des Staates zu bestimmen*, trad. port., Prefácio de Rui J. Conceição Nunes, *Os Limites da Acção do Estado*, Porto, Rés, s.d..

JOUVENEL, BERTRAND DE, *De la Souveraineté. A la recherche du bien politique*, Paris, Génin, Librairie de Médicis, 1955

KELLER, MAURO DE MEDEIROS, *Notas para a compreensão do conceito de sindérese no pensamento aristotélico-tomista e suas principais implicações práticas* – http://www.hottopos.com/mirand11/mauro.htm

KELSEN, HANS, *Reine Rechtslehre*, trad. port. e prefácio de João Baptista Machado, *Teoria Pura do Direito*, 4.ª ed. port., Coimbra, Arménio Amado, 1976

KISSEL, O. R., *Die Iustitia. Reflexionen ueber ein Symbol und seine Darstellung in der bildenden Kunst,* Muenchen, Beck, 1984
La Liberté, número monográfico da revista "Pouvoirs", n.º 84, Paris, Seuil, 1998

LALANDE, ANDRÉ, *Vocabulaire Technique et Critique de la Philosophie*, Paris, P.U.F., trad. port. coord. por António Manuel Magalhães, *Vocabulário – técnico e crítico – da Filosofia*, Porto, Rés, s.d., 2 vols.

LIMA, FERNANDO ANDRADE PIRES DE/VARELA, JOÃO DE MATOS ANTUNES, *Código Civil Anotado*, vol. I (art.sos 1.º a 761.º), 3.ª ed., com a colaboração de MANUEL HENRIQUE MESQUITA, Coimbra, Coimbra Editora, 1982

LÓPEZ MORENO, ÁNGELES, "Valor del bien. El valor del Derecho y los Valores del Derecho. Bienes del Derecho", in *Manual de Filosofía del Derecho*, coord. FRANCISCO PUY MUÑOZ/ÁNGELES LÓPEZ MORENO, Madrid, Colex, 2000, p. 345 ss..

MACINTYRE, ALASDAIR, *A Short History of Ethics*, 9.ª reimp., Routledge, 1993

MACINTYRE, ALASDAIR, *After Virtue. A Study in Moral Theory*, reed., Londres, Duchworth, 1985

MACHADO, JOÃO BAPTISTA, *Introdução ao Direito e ao discurso legitimador*, reimp., Coimbra, Almedina, 1985

MANHEIM, KARL, *Ideologie und Utopie*, Bona, 1930, trad. br., *Ideologia e Utopia*, 4.ª ed. bras, Rio de Janeiro, Editora Guanabara, 1986

MARIAS, JULIAN, *Historia de la Filosofia*, 4.ª ed., Madrid, Revista de Occidente, 1948

MARITAIN, JACQUES, *Natural Law. Reflections on Theory and Practice*, edição e introdução de William Sweet, South Bend, Indiana, St. Augustine's Press, 2001

MARITAIN, JACQUES, *Sept leçons sur l'être et les principes de la raison spéculative*, trad. br. de Nicolás Nyimi Campanário, *Sete Lições sobre o Ser e os Primeiros Princípios da Razão Especulativa*, S. Paulo, Edições Loiyola, 1996

MARTINEZ DORAL, JOSE MARIA, *La Estructura del Conocimiento Jurídico*, Pamplona, Universidad de Navarra, 1963

MARTINEZ GARCÍA, JESÚS IGNACIO, *La Imaginación Jurídica*, Madrid, Debate, 1992

MARTÍNEZ, SOARES, *Comentários à Constituição Portuguesa de 1976*, Lx., Verbo, 1978

MELO, ANTÓNIO BARBOSA DE, *Democracia e Utopia (Reflexões)*, Porto, dist. Almedina, 1980

MIRANDA, JORGE, *A Declaração Universal dos Direitos do Homem e a Constituição (Artigo 16.º)*, in *Estudos sobre a Constituição*, coordenação de Jorge Miranda, II, Lx., Livraria Petrony, 1977, I

MIRANDA, JORGE, *Manual de Direito Constitucional*, t. II. *Constituição*, 4.ª ed., Coimbra, Coimbra Editora, 2000

MIRANDA, JORGE, *O Artigo 1.º e o Artigo 2.º da Constituição*, in *Estudos sobre a Constituição*, coordenação de Jorge Miranda, II, Lx., Livraria Petrony, 1978

MIRANDA, JORGE, *O Preâmbulo da Constituição*, in *Estudos sobre a Constituição*, coordenação de Jorge Miranda, I, Lx., Petrony, 1977, p. 17 ss.

MONTEJANO (H.), BERNARDINO, *Ideologia, Racionalismo y Realidad*, Buenos Aires, Abeledo-Perrot, 1981

MONTORO BALLESTEROS, ALBERTO, *Iusnaturalismo y Derecho Comparado*, separata de *El Derecho Natural Hispanico. Actas de las 'Primeras Jornadas Hispánicas de Derecho Natural'*, org. de Francisco Puy, Madrid, Escelicer, 1973, p. 403 ss..

MUCCHIELLI, ROGER, *Le Mythe de la cité idéale*, Brionne, Gérard Monfort, 1960 (reimp. Paris, P.U.F., 1980).

NEGRO, DALMACIO, *Gobierno y Estado*, Madrid/Barcelona, Marcial Pons, 2002

NETO, ABÍLIO/MARTINS, HERLANDER, *Código Civil Anotado. Legislação complementar*, 6.ª ed. actualizada, 1987

NEVES, ANTÓNIO CASTANHEIRA, *Metodologia Jurídica. Problemas Fundamentais*, Coimbra, Studia Iuridica, Coimbra Editora, 1993

NEVES, MARCELO, *A Constitucionalização Simbólica*, S. Paulo, Editora Académica, 1994

OLLERO TASSARA, ANDRES, *La Constitución: entre el Normativismo y la Axiología*, in *Derechos Humanos y Metodología Juridica*, Madrid, Centro de Estudios Constitucionales, 1989, p. 226 ss..

OTERO PARGA, MILAGROS, *Valores Constitucionales. Introducción a la Filosofía del Derecho: axiologia jurídica*, Santiago de Compostela, Universidade de Santiago de Compostela, 1999

PAIVA, VICENTE FERRER NETO, *Reflexões sobre os sete primeiros títulos do livro único da parte I do Projecto de Código Civil Português, do sr. António Luis de Seabra*, Coimbra, 1859

PALOMBELLA, GIANLUIGI, *Filosofia del Derecho Moderna y Contemporánea*, trad. cast. de José Calvo González, Madrid, Tecnos, 1996

PAREJO, LUCIANO, *Estado Social y Administración Pública*, Madrid, Civitas, 1983

PASCOAES, TEIXEIRA DE, *Arte de Ser Português*, ed. de Lx., Assírio e Alvim, 1991.

PECES BARBA, GREGORIO, *Seguridad Jurídica y Solidariedad como Valores de la Constitución Española*, in *Funciones y Fines del Derecho. Estudios en Honor del Profesor Mariano Hurtado Bautista*, Múrcia, Universidad de Murica, 1992

PECES-BARBA, GREGORIO, *Los Valores Superiores*, 1.ª reimp., Madrid, Tecnos, 1986

PERELMAN, CHAIM, *Ethique et Droit*, Bruxelles, Ed. Univ. Bruxelles, 1990

PIEPER, JOSEF, *Las Virtudes Fundamentales*, 4.ª ed. cast., Madrid, Rialp, 1990

PIZZORNI, REGINALDO, *Il Diritto Naturale dalle Origine a S. Tommaso d'Aquino*, 3.ª ed., Bolonha, ESD, 2000

PORTALIS, JEAN-ETIENNE-MARIE, *Discours et Rapports sur le Code Civil, precédés de L'Essai sur l'utilité de la Codification de Frédéric Portalis*, Centre de Philosophie Politique et Juridique, Université de Caen, Caen, 1989

PUY, FRANCISCO, *Sobre la antinomia universalidad-relativismo*, «Anuario de Filosofia del Derecho», Nova época, Madrid, tomo XI, 1994, p. 75 ss..

PUY, FRANCISCO, *Tópica Jurídica*, Santiago de Compostela, Imprenta Paredes, 1984

QUEIRÓ, AFONSO RODRIGUES, *Lições de Direito Administrativo*, Coimbra, 1976 (policóp.)

RADBRUCH, GUSTAV, "Cinco Minutos de Filosofia do Direito", "Apêndice II" a *Filosofia do Direito*, 4.ª ed. port., trad. e prefácios de L. Cabral de Moncada, Coimbra, Arménio Arnado, 1961, 2 vols., II vol.

REALE, MIGUEL, "Invariantes Axiológicas", in *Estudos de Filosofia Brasileira*, Lx., Instituto de Filosofia Luso-Brasileira, 1994

REALE, MIGUEL, *Filosofia do Direito*, 19.ª ed., São Paulo, Saraiva, 1999

REALE, MIGUEL, *Lições Preliminares de Direito*, décima ed. revista, Coimbra, Almedina, 1982

RESZLER, ANDRÉ, *Mythes politiques modernes*, Paris, P.U.F., 1981

RIBEIRO, AQUILINO, *Geografia Sentimental*, nova ed., Lx., Bertrand, 1983

RICOEUR, PAUL, *Lectures on Ideology and Utopia*, ed. por George Taylor, New York, Columbia Univ. Press, 1986, trad. port. de Teresa Louro Perez, *Ideologia e Utopia*, Lisboa, edições 70, 1991

246   *Direito, Constituição e Cidadania*

SALDANHA, NELSON, *Formação da Teoria Constitucional*, 2.ª ed., actualizada e ampliada, 2000

SALGADO, PLÍNIO, *Liberdade, caminho da servidão*, http://www.geocitis.com/CapitolHill/Congress/1705/liberscr.html)

SEABRA, ANTONIO LUIZ DE, *A propriedade. Filosofia do Direito para servir de introdução ao comentário sobre a Lei dos Forais*, vol I, Parte I, Coimbra, 1850

SEABRA, ANTONIO LUIZ DE, *Apostila à Censura do Sr. Alberto de Moraes Carvalho sobre a primeira Parte do Projecto de Codigo Civil por ...*, Coimbra, Imprensa da Universidade, 1858

SEABRA, ANTONIO LUIZ DE, *Projecto de Código Civil Português*, Coimbra, 1858

SEABRA, ANTONIO LUIZ DE, *Resposta às reflexões do Sr. Doutor Vicente Ferrer Neto Paiva sobre os sete primeiros títulos do projecto de Código Civil Português*, Coimbra, 1859

SINGER, PETER, *Practial Ethics*, Cambridge University Press, 1993, trad. port. de Cristina Beckert e Desidério Murcho, *Ética Prática*, Lx., Gradiva, 2000

SOARES, ROGÉRIO EHRHARDT, *Direito Constitucional: Introdução, o Ser e a Ordenação Jurídica do Estado, in* AA.VV., *Instituições de Direito*, vol. II. *Enciclopédia Jurídica*, Coimbra, Almedina, 2000, p. 78.

SOARES, ROGÉRIO EHRHARDT, *O Conceito Ocidental de Constituição*, in "Revista de Legislação e Jurisprudência", Coimbra, nos. 3743-3744, p. 36 ss.; p. 69 ss., 1986.

SOUSA, JOSÉ PEDRO GALVÃO DE, *Direito Natural, Direito Positivo e Estado de Direito*, São Paulo, ed. Revista dos Tribunais, 1977, p. 125-151

SOUSA, JOSÉ PEDRO GALVÃO DE, *O Estado de Direito e o Direito Natural*, discurso de abertura das I Jornadas Brasileiras de Direito Natural, no Salão Plenário do TACRIM-SP, em 23 de setembro de 1977, in *O Estado de Direito*, actas das jornadas, São Paulo, ed, Revista dos Tribunais, 1980

SOUSA, MARCELO REBELO DE, *Direito Constitucional, I. Introdução à Teoria da Constituição*, Braga, Livraria Cruz, 1979

SOUSA, MARCELO REBELO DE, *Lições de Direito Administrativo*, Lx., Pedro Ferreira, 1995

SQUELLA, AGUSTIN, *El Positivismo Jurídico y el Problema de los Valores en el Derecho*, in "Filosofia del Derecho. Jornadas Academicas", AA.VV., Valparaíso, EDEVAL, 1980

STEINER, GEORGE, *Antígonas*, trad. port., Lx., Relógio D'Água, 1995

STRAUSS, LEO, *Natural Right and History*, trad. fr., *Droit naturel et histoire*, Paris, Flammarion, Champs, 1986

SWIFT, JONATHAN, *Gulliver's Travels* (orig. 1726), n/ ed., Oxford, Chancellor Press, 1985

TANON, PELISSIER/MOREIRA, JOSÉ MANUEL, *Será a Justiça Social Possível? Apresentação de 'De la Justice' de Bertrand de Jouvenel*, Separata de "Humanística e Teologia", 21, 2000, p. 24 ss..

TEIXEIRA, ANTÓNIO BRAZ, *Sentido e Valor do Direito. Introdução à Filosofia Jurídica*, 2.ª ed., Lisboa, Imprensa Nacional-Casa da Moeda, 2000

TEIXEIRA, ANTÓNIO BRAZ, *Sobre os Pressupostos Filosóficos do Código Civil Português de 1867*, in *Problemas de la Ciencia Jurídica. Estudios en Homenaje al Profesor Francisco Puy Muñoz*, coord. de Dr.ª Milagros Otero Parga, Dr.ª Carolina Rovira de Flores de Quiñones, Dr. Manuel Segura Ortega, Santiago de Compostela, Universidade de Santiago de Compostela, 1991, vol. I

THOMAS, YAN, *Mommsen et l''Isolierung' du Droit (Rome, Allemagne et l'État)*, Paris, diff. Boccard, 1984

TRIGEAUD, JEAN-MARC, *Introduction à la Philosophie du Droit*, Bordeaux, Biere, 1992

TRIGEAUD, JEAN-MARC, *La Tradizione Classica del diritto Naturale e il suo Superamento Personalistico*, in "Iustitia", Roma, Giuffrè, ano XLIV, Abril--Junho 1991

TRIGEAUD, JEAN-MARC, *Persona ou la Justice au double visage*, Genova, Studio Editoriale di Cultura, 1990

VALADIER, PAUL, *L'Anarchie des valeurs*, Paris, Albin Michel, 1997, trad. port. de Cristina Furtado Coelho, *A Anarquia dos Valores. Será o relativismo Fatal?*, Lx., Instituto Piaget, 1998

VALÉRY, PAUL, "Rapport sur les prix de vertu", in *Oeuvres*, I, ed. estabelecida e anotada por Jean Hytier, Paris, Gallimard, 1957

VALLET DE GOYTISOLLO, JUAN, *Esquema Introductivo para una Metodología de la Ciencia Expositiva y Explicativa del Derecho*, Real Academia de Jurisprudencia y Legislacion, Madrid, 1999

VALLET DE GOYTISOLLO, JUAN, *Metodologia juridica*, Madrid, Civitas, 1988

VIADEL, ANTONIO COLOMER/LÓPEZ GONZÁLEZ, JOSÉ LUIS, *Programa ideológico y Eficácia Jurídica de los Derechos Sociais. El Caso de Portugal en el Derecho Comparado*, in *Perspectivas Constitucionais*, org. de JORGE MIRANDA, III, Coimbra, Coimbra Editora, 1998

VILLEY, MICHEL, «Nouvelle réthorique et droit naturel», *Critique de la pensée juridique moderne*, Paris, Dalloz, 1976

VILLEY, MICHEL, *Le droit dans les choses*, in *Controverses autour de l'ontologie du droit*, dir. de Paul Amselek/Christophe Grzegorczyk, Paris, P.U.F., 1989

WIEACKER, FRANZ, *Zur rechtstheoretische Praezierung des § 242 BGB*, Tubinga, J. C. B. Mohr (Paul Siebeck), 1955

ÍNDICE GERAL

Introdução	9
Parte Primeira – *O Século de Antígona*	17
Capítulo I – Futuro Presente do Direito	19
Capítulo II – Claves e Desafios Jurídicos para o Séc. XXI	31
Parte II – *As Duas Justiças – Justiça Moral e Política* vs. *Justiça Jurídica.*	43
Capítulo I – O Livro da Justiça	45
Capítulo II – O Comentário de Santo Tomás de Aquino	57
Parte III – *Problemas do Direito Natural*	71
Capítulo I – Do Direito ao Direito Natural	73
Capítulo II – Do Problema Científico do Direito Natural	81
Capítulo III – O Problema Pedagógico do Direito Natural	87
Capítulo IV – Conclusão	91
Parte IV – *Do Direito Natural Positivo*	95
Capítulo I – Introdução	97
Capítulo II – Justiça, Liberdade, Igualdade e Pluralismo Político na Constituição espanhola	99
Capítulo III – Princípios, Direito Natural, Valores	107
Capítulo IV – Direito Natural e Princípios Gerais do Direito nos Códigos Civis	115
Capítulo V – Conclusão	123
Parte V – *Da Justiça na Constituição da República Portuguesa*	127
Capítulo I – Memória	129
Capítulo II – Polissemia	131
Capítulo III – Hermenêutica	135
Capítulo IV – Princípios	141

Capítulo V – Estrutura e elementos do art. 1.º da Constituição...... 151
Capítulo VI – Fins.. 157
Capítulo VII – Virtudes.. 161
Capítulo VIII – Bens Jurídicos.. 163
Capítulo IX – Ideologias e Utopias.. 165
Capítulo X – Valores. Esboço de caracterização........................... 167
Capítulo XI – Valores. Referência ao argumento comparatístico.... 171
Capítulo XII – A Justiça como valor superior.................................. 173
Capítulo XIII – Valores alternativos... 179
Capítulo XIV – Novas aportações comparatísticas e filosóficas........ 185
Capítulo XV – Conclusão... 191

Parte VI – *União Europeia, Estado e Constituição – A Constituição Impossível?* 197
Introdução.. 199
Capítulo I – Ter ideias claras sobre o conceito de Estado........... 201
Capítulo II – Ter ideias claras sobre o conceito de Constituição.... 203
Capítulo III – Ponderação. O teste das constituições dos estados.... 209

Parte VII – Direito, Constituição e Cidadania.. 217
Capítulo I – Introdução... 219
Capítulo II – Política e Direito.. 221
Capítulo III – Constituição, Direito e Política................................ 223
Capítulo IV – Constituição formal e Constituição material............. 225
Capítulo V – Cidadania... 229

Bibliografia Citada 239